101 pactos de seguridad

⏵ Guy Ben-Nun ⏴

101 pactos de seguridad

**Desarrolla la capacidad de tus hijos
a enfrentar los peligros de hoy**

101 pactos de seguridad. Desarrolla la capacidad de tus hijos a enfrentar los peligros de hoy.
© Guy Ben-Nun 2014

Quarzo

D. R. © Editorial Lectorum, S. A. de C. V., 2014
Batalla de Casa Blanca, Manzana 147 A, Lote 1621
Col. Leyes de Reforma, 3a. Sección
C. P. 09310, México D. F.
Tel. 5581 3202
www.lectorum.com.mx
ventas@lectorum.com.mx

L. D. Books, Inc.
Miami, Florida
ldbooks@ldbooks.com

Primera edición: julio de 2014
ISBN: 978-1507-526-897

D. R. © Portada: Perla Alejandra López Romo

Impreso y encuadernado en México.
Printed and bound in Mexico.

Síntesis

Vivimos en un ambiente lleno de peligro como producto de una continua ola de agresiones, injusticias y corrupción. Una situación difícil de enfrentar para toda persona adulta de cualquier sector de la sociedad, pero realmente un entorno aún más perjudicante para los niños y adolescentes. En plena fase del desarrollo de su carácter, la calidad de cada interacción y la exposición al ambiente urbano dejan a tu hijo o hija una fuerte huella en sus capacidades laborales y sociales, determinando la futura dimensión de su felicidad, productividad y fe.

Apelando a la experiencia y criterios adecuados se busca que los hijos crezcan sin mayores complejos ante las provocaciones, tentaciones, falsas ideas, prejuicios y abusos y superen los retos típicos de su edad. Sin poder confiar en los intereses del gobierno, en la convivencia comunitaria y en la enseñanza de los maestros de escuela —ni hablar del mal ejemplo de celebridades y de los personajes en cine y televisión—, no les queda otra alternativa a tus hijos más que seguir tu ejemplo como guía.

¿Pero, cómo podrías abordar el tema si no eres un experto en seguridad; si tú mismo has sido sujeto de abusos, agresiones o amenazas sin haber logrado una solución eficaz?

101 Pactos en Seguridad presenta un sistema innovador a los padres de familia que desean romper el concepto de *víctima* tanto en sus hijos como en ellos mismos para ser un buen ejemplo, capaz de guiar y responder ante la afluencia de riesgos inmediatos y potenciales. El libro aborda distintos tipos y niveles de peligro; contribuye a determinar las acciones que uno debe tomar como prevención y la manera de reaccionar frente a las diferentes fases del impacto al aprovechar las experiencias y creencias personales del adulto responsable dentro del marco particular de valores de cada familia.

El libro presenta asimismo una gran variedad de situaciones de inseguridad, además de puntos de diálogo, casos de referencia y el análisis de un experto en cada uno de los 101 temas, con el objetivo de que tus hijos se conviertan en personas fuertes y exitosas y dejan de ser víctimas de la inseguridad.

Dirigido a padres de familia con niños y adolescentes.

Con agradecimiento a Esneidy Damaris Castillo por su trabajo de recopilación de información y por reportaje.

Introducción

La inseguridad de niños y jóvenes es un asunto primordial para los padres de familia. Y más en la actualidad, cuando cualquier aspecto de la vida cotidiana parece representar un peligro: desde personas con aviesas intenciones, actos de negligencia, accidentes, confusiones, frustraciones y tentaciones. La ignorancia e inocencia ya no son un pretexto válido para la gente que desea alcanzar un nivel razonable de calidad de vida, particularmente si existe una verdadera preocupación por el bienestar de sus hijos.

La frecuencia con que se reportan asaltos y agresiones en los noticiarios, las sufridas por amistades, familiares o por nosotros mismos, generan una conciencia temporal del peligro, pero lo olvidamos poco tiempo después por apatía. El gran volumen de información sobre la inseguridad es en sí un asalto al realismo, creando la impresión de que el problema es tan enorme y tan cercano que poco se puede hacer al respecto.

¿Me preguntas qué esperanza pueden tener aquellos padres de familia que buscan una solución? Tanto que se habla con los hijos pidiéndoles que tengan más cuidado, tanto que tratamos de protegerlos... el peligro está por todos lados, no solamente en lugares "cuestionables" o en la calle; también en los mismos ambientes y personas a las que consideramos confiables, como son los maestros, amigos, familiares... hasta el Internet, que reta la seguridad dentro de la casa. Además, en ciertas regiones las estadísticas sobre el crimen señalan que prácticamente a cualquiera hora, día, lugar y medio de transporte la gente es propensa a ser víctima de un delito.

La respuesta se encuentra en los estudios de *Victimología*, los cuales nos facilitan entender cómo una persona puede convertirse en *víctima*. Según esta perspectiva, cada persona debería asumir la responsabilidad de utilizar todo lo que esté a su alcance para minimizar los factores de riesgo en su vida. No es cuestión únicamente de buscar la "buena vibra" al asumir una actitud positiva y tener las mejores intenciones en lo que hacemos, lo que decimos o lo que pedimos. Tampoco es cuestión de siempre cargar un arma. Hay que saber (1) qué acción tomar, cómo y cuándo; (2) las consecuencias globales de cada decisión en el corto, mediano y largo plazo; (3) el impacto que genera nuestra imagen; (4) entender los verdaderos propósitos de la gente que nos rodea y de la poco conocida cuando nos acercamos o cuando se nos acerca; (5) asimilar las alternativas existentes para prevenir y reaccionar ante el peligro y, de antemano, calcular su dimensión; (6) conocer la capacidad y límites de nuestro poder y prioridades, especialmente ante las distracciones, las tentaciones y la pena. El concepto de la seguridad de los hijos se puede resumir en "su capacidad de definir, detectar y reaccionar".

Mientras que el hijo carente de conocimientos sobre esta materia se convertirá en una *víctima por circunstancia*, el adulto que no le dé la capacidad adecuada para llevar una vida relativamente sana y segura lo convertirá en una *víctima por convicción*. Personas que perciben la vida como si fuera una gran agresora por estar sujetos a constantes engaños, asaltos, malas relaciones, accidentes y desastres acusan a la mala suerte, al karma o al maltrato y negligencia en la infancia por no romper este ciclo destructivo, cuando la culpa está esencialmente en ellas mismas por su falta de táctica y desconocimiento de la causa-reacción ante la vida.

101 Pactos en Seguridad ofrece un sistema innovador a los padres de familia que desean romper el concepto de *víctima* tanto en sus hijos como en ellos mismos para convertirse en un mejor ejemplo. El libro aborda distintos tipos y niveles de peligro; sugiere las acciones que uno debe tomar como medidas preventivas y la manera de reaccionar ante las diferentes fases del impacto. El estudio de cada suceso conlleva amplias implicaciones en el desarrollo de los niños y adolescentes para fortalecerlos en distintos aspectos de su vida y ante los retos económicos y sociales.

El propósito del libro es originar sensibilidad en la persona joven acerca del concepto de peligro; constancia sobre sus responsabilidades; capacidad para evadir situaciones que podrían dañarla, y carácter para reaccionar adecuadamente ante cualquier crisis, real o potencial.

Deseo que tenga mucho éxito en la integración de la cultura de seguridad en su familia. Que usted y sus seres queridos vivan cómodos, tranquilos y libres de peligro.

Guy Ben-Nun.
Para más orientación consulte la página
www.ConsultoriaEnSeguridad.net

Guía inicial

El libro presenta 101 situaciones actuales de inseguridad, con puntos de diálogo, casos de referencia y comentarios del autor, concluyendo con un acuerdo formal entre usted y su hijo o hija para que mejoren sus actitudes y aclaren sus dificultades de reaccionar ante los peligros expuestos. El orden de secuencia de las situaciones depende de lo que usted considere importante para ellos, tomando en consideración su nivel intelectual y de madurez, además de los ambientes y circunstancias que enfrenta y enfrentará dentro y fuera del hogar.

Si se pregunta a partir de qué edad hay que tratar con los hijos el tema de seguridad o un aspecto particular de ésta y con qué frecuencia no hay una respuesta definitiva, ya que no es tanto la edad lo que lo determina como la necesidad. Cualquier tipo de riesgo real o potencial en el ambiente de sus hijos hay que tratarlo con ellos. Para evitar que la orientación genere un trauma en el niño, además de enseñarlo como responder positivamente frente al peligro, habrá que modular la exposición del tema basándose en su edad y personalidad. Las variables de la exposición serán: el tono de voz, la profundidad y descripción de los acontecimientos; los términos o palabras que usted utilice; la expresión facial y el lenguaje corporal, así como las ideas y ejemplos que usted cite.

Antes de abordar con sus hijos cualquiera de los 101 temas considere lo siguiente:

1. **Elija las situaciones que desea tratar y en cuál orden** utilizando el índice. Debido a la forma en que el niño va creciendo y los cambios en el perfil de la inseguridad es posible que exista la necesidad de modificar el plan original de avances y/o volver a tocar ciertas situaciones con mayor profundidad o con otros elementos para adaptarse a la nueva realidad. Y si llegara a enfrentar un peligro habría que reevaluar su respuesta: si fue acorde con la orientación dada o deba ser necesario

modificar la táctica ofrecida. En lugar de calificar la falta de seguimiento adecuado como una indisciplina, considérelo como una dificultad para seguir las instrucciones o como una perspectiva diferente ante el riesgo y las opciones de respuesta.

2. **Decida el modo y la frecuencia con que desea tratar cada uno de los asuntos**. Algunos hijos responderán mejor a las sesiones estructuradas por días y horas, como si fuera un curso escolar, mientras que otros aprenderán más al sostener una plática informal y en privado antes de dormir, durante el fin de semana, la comida o camino a la escuela. No es necesario cubrir toda la materia en una sola conversación. Quizá debido a las dudas e inseguridad de sus hijos tendrá que dedicar más tiempo a un asunto que a otro, o darle un descanso y luego probar nuevamente su nivel de aprendizaje. Lo importante es que en un periodo razonable, un año por ejemplo, aborde con su hijo todos los temas de peligro relevantes, y que éste demuestre sus avances con hechos reales dentro de la vida cotidiana.

En caso de que haya problemas de comunicación en la familia —es decir, que no exista el hábito de conversar— es recomendable primero ponerse de acuerdo con sus hijos para platicar en forma individual aunque sea por unos minutos, pues hay que ser <u>conscientes del nivel de disponibilidad de sus hijos en cada momento de la conversación</u>, y si es necesario seguir la plática en otra ocasión, sin dejar que transcurra más de una semana, para que el tema no pierda seriedad. Sería contraproducente imponer esas pláticas solamente porque usted lo considera importante. *Es usted quien debe demostrar paciencia, creatividad en la forma de enseñar, y conocimiento del carácter y vida de su hijo o hija para provocar su interés en la materia y respeto a sus ideas.*

Nota. No toda la información incluida es apta para niños. Las situaciones y los casos descritos en el libro son dirigidos principalmente para el conocimiento del adulto, apoyándolo a entender mejor el asunto tratado para luego, por medio de los puntos de diálogo, hablar apropiadamente del tema con sus hijos.

3. **Entienda bien la situación**, cómo se relaciona con la vida de sus hijos, visualizando la plática con ellos, contestando las preguntas incluidas en el libro, las inquietudes que sus hijos pudieran tener — aun sin expresarlas abiertamente— y cómo manifestar con sus propias palabras las recomendaciones y comentarios del autor. La sensibilidad y respeto

ante la forma en que sus hijos reaccionan son elementos importantes en la orientación. En síntesis: dé la impresión a sus hijos que es usted la fuente de orientación y no este libro.

Nota. Es posible que sus hijos hayan enfrentado una grave amenaza y usted lo desconozca, por lo cual al tocar el tema quizá tengan una reacción distinta (comparada con otras situaciones tratadas con ellos) y manifiesten tristeza, alejamiento o rechazo al mismo. Si fuese el caso, al tratarse de un niño o adolescente es recomendable acudir con un especialista y no presionarlos a hablar.

Procure que sus hijos sigan consultándolo acerca de sus inquietudes personales por la confianza que tienen en usted y por su nivel de disponibilidad, aceptación de los hechos y apoyo. Compruebe los avances de sus hijos sobre la dimensión de los riesgos reales y potenciales y su determinación consciente de alejarse o enfrentarlos, pero nunca sin hacer nada. Asimismo, analice sus habilidades para reaccionar adecuadamente en un momento de peligro, además de entender y aceptar posteriormente las consecuencias de sus decisiones.

101 Pactos de Seguridad presenta una innovadora forma de orientar a sus hijos al reconocer las raíces del peligro y desarrollar la capacidad de enfrentarlo, aun tratándose de un nuevo tipo de incidente. Mientras algunos temas abordan actos delictivos o potencialmente ilícitos, otros se enfocan en el manejo y prevención del peligro, así como de disciplinas y seguridad en la mentalidad personal. El objetivo del libro es desarrollar un carácter de persona responsable, sensible al concepto de peligro en sus diversas dimensiones y capaz de reaccionar adecuadamente, ya sea que la circunstancia del riesgo sea generada de manera intencional o no por otra persona o por uno mismo; por fuerzas naturales o por las dinámicas sociales.

Las 101 situaciones están clasificadas en los dos ambientes básicos que un niño percibe: la casa, donde uno desea tener toda la seguridad, y fuera de ella, donde afloran las debilidades frente a los retos. Adicionalmente, cada tema contiene cinco elementos principales:

La situación

Las situaciones describen los eventos fundamentales y actuales de inseguridad que sus hijos podrían enfrentar. Mientras más variaciones introduzca usted a cada situación, más hábiles serán sus hijos y lo asimilarán mejor al utilizar elementos de su vida cotidiana.

Realice las modificaciones necesarias en cada situación para que su hijo la adecue a sus circunstancias y preocupaciones particulares, conservando el perfil del peligro. Es decir, que lo mismo que pasa a un adulto también puede ocurrirle a una persona joven; que entre la victimización o confusión no hay diferencia si se trata de un niño o una niña, y que lo mismo que se describe en la calle puede suceder en la escuela o en un lugar privado. Sin embargo, si en su zona, por ejemplo, no existe el sistema colectivo de Metrobús, como describe el caso, sustitúyalo por otro medio de transporte público. De igual forma hay que ser flexibles con el perfil del agresor, siendo capaz de adoptar cualquiera apariencia, hasta la de una persona completamente débil e inocente, o la de una persona del mismo nivel social si esto le diera acceso a su víctima. Ante ello, deberá modificar y adaptar la situación narrada, de tal forma que se entienda que *la existencia del peligro trasciende el momento, lugar y el tipo de personas descritas*, en aras de aclararle a sus hijos que podrían encontrarse en una situación parecida.

Puntos de diálogo

Con base en las experiencias y creencias personales de los padres de familia se considera que en cada persona existe la capacidad de generar soluciones particulares para la seguridad de sus hijos. Es cuestión de estimular el intelecto e inducir el carácter necesario para enfrentar la inseguridad. Las preguntas presentadas incrementan el grado de vulnerabilidad en los temas tratados, dando paso a una serie de tácticas viables dentro del marco de sus propios valores.

Por ejemplo, en un caso de acoso sexual en el andén del tren los padres de familia pueden aconsejar a sus hijos que se alejen del lugar inmediatamente y aborden un taxi, o que se esperen hasta que el agresor suba al autobús para tomar el siguiente. Otros dirían que al sentir el acoso es mejor gritar como locos o golpear al presunto agresor, en tanto algunos más instruirían a sus hijos a acudir con la policía de la estación. En primera instancia debemos entender que **cualquier táctica que sirva para detener la amenaza merece ser considerada,** pero si sus hijos no son de carácter combativo no es recomendable sugerir que enfrenten al agresor, y si no existe confianza en las autoridades será necesario ofrecer otra opción. Sin embargo, si las tres soluciones parecen factibles entonces es importante que sus hijos las conozcan para que en su momento tengan alternativas. En tal caso también será importante oriéntarlos acerca de cómo elegir la reacción correcta. ¿La opción de gritar depende de la estatura del agresor o de la cantidad de gente que está alrededor? ¿La posibilidad de dirigirse con el policía tiene que ver con su disponibilidad o si parece una persona confiable?

Casos de referencia

Los elementos que crean la inseguridad trascienden las fronteras geográficas. Posiblemente parte de la versión de los casos descritos ya tiene presencia en los lugares donde sus hijos se mueven, mientras que otros podrían ocurrir con el tiempo. Sin embargo, **donde hay personas con actitudes de víctima existe un peligro tanto para ellas como para quienes las rodean,** por lo cual en cada caso hay que identificar los perfiles del incidente, del agresor y el de la víctima.

Siguiendo la manera en la que el libro relaciona los casos con las situaciones pueden generarse nuevas medidas de prevención al poner atención a las historias de inseguridad que se platican dentro de sus círculos sociales y de lo que se reporta en los noticiarios. Y si todavía hubiera interés por extender el aprendizaje le recomiendo buscar en Internet más casos o mayor información sobre los mismos. **Las historias más provechosas son las que ofrecen una descripción detallada sobre la conducta de las personas involucradas.**

Perspectiva profesional

Un error común es la desvaloración de una situación por considerar que "mi hijo es muy fuerte o inteligente para permitir eso"; "seguramente me voy a enterar si llega a pasar", o "aquí esto no va a ocurrir, y en caso de que sí ya veremos cómo actuar en su momento. Finalmente mucho es de sentido común y no será nada igual como el caso reportado". Todo lo contario, este libro se basa en casos reales. El término "sentido común" no siempre ofrece los criterios adecuados para manejar un peligro real o potencial, o privarnos de ciertas confusiones y malas influencias, pese a que la persona pudiera ser educada, con aparentes buenos valores y experiencia de vida. No descarte la información que revelan los factores de zona, edad o género, tanto de la víctima como del agresor. Tampoco lo desprecie por ser poco aludido en los medios de comunicación o en su vecindario.

La amenaza existe mientras parezca viable. La opinión extra viene a romper perspectivas convencionales para formar un nuevo esquema de "sentido común".

El pacto

La conclusión del trabajo sugiere que en cada tema hay que concretar el entendimiento entre los hijos y sus papás sobre la detección, prevención y reacción ante la situación descrita. Es una manera de formalizar el conocimiento, despejar dudas y evitar malos entendidos. De esta forma, al terminar cada tema se recomienda firmar un pacto (el formato de ejemplo se encuentra en la siguiente sección).

Es recomendable contar con una libreta o un fólder para recopilar los pactos y tener la facilidad de agregar y ajustar periódicamente los términos del acuerdo. El formato del pacto debe ser similar al de un contrato, describiendo lo acordado en forma clara y directa e incluyendo los eventos excepcionales que requieran otra respuesta.

Indudablemente con el transcurso del tiempo habrá necesidad de revisarlos. Una razón para ello obedece al crecimiento del niño: el lenguaje empleado, la profundidad o complejidad del acuerdo y las circunstancias que aquél vive van cambiando continuamente. También pueden surgir otras dudas o nuevos casos de la misma naturaleza que desafían las tácticas acordadas con anterioridad y que exigen modificar el modo de respuesta.

El pacto debería ser de tal forma que tanto el niño como los adultos responsables estén de acuerdo y lo firmen voluntariamente. Si hubiese incumplimiento por alguna de las partes debe modificarse, de manera que que dé solución a los motivos expuestos hasta que logre satisfacer todos los argumentos (y pretextos) para poder llevarlo a cabo al ciento por ciento. Todo lo que se espera del comportamiento de cada uno de los firmantes debería quedar muy claro, incluso el tipo de respuesta esperada de los papás cuando se enteren de lo acontecido.

Ahora, comience a desarrollar la seguridad de su familia.

Pacto

Fecha:	Hora:	Lugar:
Asunto:		
Acuerdos:		
1. 2. 3. 4. 5.		
Excepciones		
1. 2. 3. 4.				

Nombre y firma de los participantes.

Nombre y firma de testigos.

Fuera del hogar

Encuentros

1. Posesión de un arma letal

Circunstancia

Un adolescente dirige un arma de fuego hacia una persona.

» ¿Qué constituye un arma que puede herir o matar?
» ¿En cuáles circunstancias se puede o se debe utilizar una, y de qué tipo y forma?
» ¿Cuáles son las precauciones y disciplinas que uno debe practicar para evitar accidentes o una situación lamentable?
» ¿Qué otras formas existen para poder ganar respeto, resolver conflictos y defenderse, sin la necesidad de señalar el arma o cargarla?
» En comparación con la impresión que provocan los noticiarios, series de televisión y películas, ¿cuáles son las consecuencias reales de señalar o usar un arma?

BASE DE CONOCIMIENTO

Realidad.

Dos adolescentes resultaron heridos este martes en una escuela secundaria de Los Ángeles, donde aparentemente a un estudiante, que fue detenido por la policía, se le disparó por accidente un arma que llevaba en su mochila, dijeron las autoridades. "Nuestra información es que un estudiante llevó una pistola a la escuela en su mochila, y se le cayó esa mochila y por lo tanto el arma se disparó".[1]

Realidad.

En el caso de los menores de edad (hasta 19 años de edad, lo que incluye a muchos estudiantes universitarios, como los acribillados hoy) en promedio las armas han matado a uno cada tres horas, según las cifras más recientes. Casi 3 mil niños y adolescentes murieron a causa de armas de fuego en un año —o sea, ocho al día en promedio—. Según estas estadísticas, la tasa de muerte por balas entre menores de 15 años era casi 12 veces más alta que el total de los otros 25 países industrializados. Los heridos por bala sumaron 69 mil 825 en 2005, más de 191 al día.[2]

Perspectiva.

En un enfrentamiento físico el ganador es quien sale menos herido, por lo cual el inicio de una pelea inevitablemente implica lesiones, cuyas magnitudes no pueden ser predeterminadas, ya que la agresividad escala inesperadamente. Asimismo, al cargar un arma sin la adecuada autodisciplina, conocimiento y capacidad de confrontar las provocaciones en formas más pacifistas, cualquier momento se convierte en un prospecto letal. Poseer un arma fortifica el carácter agresivo, originando el rápido vencimiento del rival y eludiendo los potenciales riesgos y complicaciones. Naturalmente, las armas de fuego son más letales que otros instrumentos de asalto y defensa personal, mientras que las lesiones que originan, por mínimas que sean, son de mayor gravedad. Sin embargo, la plena necesidad de que un menor de edad cargue un arma, de cualquier tipo, dependerá de la deficiencia en el desarrollo de elementos tales como autoestima, imagen, comunicación, defensa personal, solución de problemas o la valoración del riesgo y sus ramificaciones.

2. Invitación sospechosa a un evento

Circunstancia

En un evento público una persona famosa se acerca a un adolescente y la invita a un evento privado.

> » ¿Cómo debe ser valorado el peligro cuando se presenta la oportunidad de acercase a una persona famosa?
> » ¿Cómo deben ser interpretadas las intenciones de una invitación similar?
> » ¿Qué cambio habrá en el nivel de seguridad si en lugar de ir solo, está acompañado por (1) una amiga, (2) un amigo, o (3) varias personas conocidas y desconocidas?
> » ¿Qué deberíamos hacer si en el camino y al llegar al otro lugar privado uno se siente incómodo?
> » ¿Cómo debes reaccionar si una persona en la fiesta (o esa misma persona famosa) intentara físicamente avanzarse sobre ti, viendo tu negación como un juego o un reto, amenazando con dañar tu reputación o demandarte (con falsas acusaciones) y causarte problemas posteriores?

BASE DE CONOCIMIENTO

Realidad.

Thaily Cruz, una de las menores involucradas en el caso Kalimba, aseguró que cuando el artista finalizó su trabajo como DJ en un recinto, ella decidió subirse, en compañía de su amiga Daiana, a la camioneta en la que iba el cantante. "Soy fan, igual que Daiana, y obvio que si tienes la oportunidad de estar junto a una persona que admiras no la dejas pasar. Sé que fue un error irme así, pero fue una oportunidad y no quise desaprovecharla". Agregó que Kalimba comentó que seguirían la fiesta, mas nunca invitó a nadie: "Todo fue rápido; de repente ya estábamos en la camioneta. Llegamos al hotel casi como a las cuatro de la mañana, porque todavía estaba oscuro". La menor de edad explicó acerca del arribo al hotel donde se hospedaba el cantante y parte de su equipo: "Todos llegamos juntos, en bola, echando relajo, todo súper bien y todos a un solo cuarto. Estaban Kalimba, su mánager y dos chavos, uno de ellos el supuesto novio de la festejada. La pasamos platicando. Hubo un momento en el que Daiana desapareció con estos chavos; de hecho llegué a cantar unas canciones con Kalimba, y después llegaron los chavos otra vez, pero a Daiana no la volví a ver", declaró.[3]

Perspectiva.

Lo que hace a una persona **confiable** es la experiencia demostrada con hechos durante un largo plazo; y lo que genera **respeto** hacia una persona son sus actos y el ambiente donde se encuentra. Sin embargo, muchos jóvenes confunden los términos **confiable** con **diversión, y respeto** con **socialización**; es decir, tienen la percepción equivocada de que una persona divertida no representa peligro, y que por lo tanto es **confiable**. De igual manera se percibe erróneamente que debe sentirse **respeto** hacia la persona más conocida, es decir, **sociable.** Una forma de lograrlo con facilidad es acercarse (cueste lo que cueste) con un individuo con un alto nivel de popularidad.

Como primer punto, en la manera en que se divierte el adolescente debería existir un sano nivel de escrutinio tanto sobre las personas que lo rodean, como en la relación que llegaría a formar con ellos, sin limitar su oportunidad (posibilidad y habilidad) de socializar.

3. Consumo voluntario e involuntario de sustancia peligrosa

CircunstanciaS

En la fiesta o en el antro un adolescente toma una bebida que le causa mareos.

» ¿Con qué confianza puede ingerirse una bebida en ese tipo de eventos, aunque no sea alcohólica?

» ¿Cómo se distingue la confianza en el lugar y la confianza en la gente, debido a que en ocasiones el mismo establecimiento agrega alcohol en el hielo, u otra persona puede adicionar drogas en la bebida?

» ¿Cuáles son los síntomas causados por una droga frente al efecto del alcohol (a diferentes grados) o de un alimento en mal estado?

» ¿Qué se debe hacer al momento de sentirse mal?

» ¿Qué tan probable es que una persona conocida o una persona amable, intelectual o rica pueda intentar hacernos daño, por ejemplo al agregar drogas en nuestra bebida?

Varios adolescentes están bailando, disfrutando el tiempo, tomando cervezas.

» ¿En qué ocasiones y en qué cantidades es adecuado consumir alcohol?

» ¿En qué forma puede encontrarse la diversión, la relajación o el valor de hacer algo atrevido sin consumir alcohol?

» ¿Cómo una persona que no toma o toma en forma moderada puede convivir y disfrutar el ambiente con gente que toma mucho?

» ¿En qué forma debes responderle a los amigos que te motivan a consumir más alcohol?

» ¿Cómo podemos detectar si ya pasamos el nivel adecuado? ¿Qué se debe o no hacer entonces?

BASE DE CONOCIMIENTO

Realidad.

Cuando tomó conciencia de lo que ocurría, él estaba encima. La besaba. Ella no podía oponerse. "Es como si no tuviera el manejo de mi cuerpo", cuenta. Cuando Clara (nombre supuesto) recuperó el dominio de su ser todo había pasado. Por teléfono, aunque apenas le salen las palabras, explica que sufrió una agresión sexual. Pidió ayuda especializada, pero decidió no denunciar. "Preferí no hacerlo. El caso…", dice. Intenta explicar que el agresor era alguien de su trabajo "un par de escalones superior". Y baja la voz cuando recuerda esa noche. Había salido con unos cuantos compañeros a tomar algo después de trabajar. La noche se iba consumiendo y al final quedaron sólo ellos dos. "Debió echarme algo en la bebida porque había tomado sólo tres cubas. Nada que explicase lo que pasó después", añade. Clara tiene una laguna en la memoria. No sabe cómo llegó a casa de él. Es probable que esta chica de 25 años fuese víctima de las drogas de abuso. Lo que en el mundo anglosajón llaman DFSA (*drug facilitated sexual assault*: drogas que facilitan los asaltos sexuales) y en el francófono, sumisión química. Fármacos que anulan la voluntad y que se usan cada vez más frecuentemente en violaciones, pero también en robos. El llamado *Beso del Sueño*. La mecánica suele ser similar: basta con echar uno de estos fármacos —algunos muy fáciles de conseguir, como unas simples pastillas para dormir— en la copa de una persona para que, mezclado con el alcohol, el medicamento inhiba sus defensas y su resistencia. Estos crímenes son, además, complicados de perseguir por el entorno en el que se producen.[4]

Realidad.

Entre 2006 y 2012 aumentó el consumo excesivo de alcohol entre los jóvenes, pero principalmente en las mujeres. Generalmente se bebe más en fiestas, con grupos de amigos, por diversión o curiosidad, por imitar a los adultos o para no ser excluido, afirma Carmen Fernández Cáceres, directora general de los Centros de Integración Juvenil (CIJ). Al respecto, José Ángel Córdova Villalobos, ex secretario de Salud, reconoció que el abuso de alcohol es la adicción más grave que hay en México. A diferencia de naciones europeas, afirma, en el país se ha desarrollado un comportamiento compulsivo: "(Los mexicanos) no toman a diario, pero cuando lo hacen es en exceso". Fernández Cáceres comenta que, a diferencia del hombre, el metabolismo de la mujer es más lento, por lo que es más fácil que se embriague y que dependa del alcohol. Además, el consumo tiene mayores efectos en su salud. "En las adolescentes (el alcohol) puede influir negativamente en su ciclo menstrual, crecimiento y maduración, además de otras consecuencias, como la depresión, las prácticas sexuales de riesgo y los embarazos", explica. Otros daños que puede causar en las mujeres son la cirrosis hepática, menopausia precoz, osteoporosis, infertilidad y amenorrea, además de mayor estigma social y familiar. En general, explica la especialista, el consumo de bebidas alcohólicas en hombres y mujeres ocasiona problemas cardiovasculares, gastrointestinales y neuropsiquiátricos. Kena Moreno, fundadora de los Centros de Integración Juvenil, afirma que en México hay 27 millones de personas que beben en grandes cantidades, 9.6 millones de las cuales son mujeres.[5]

Perspectiva.

Hoy en día existen varios productos en desarrollo que intentan detectar en forma discreta la presencia de alguna droga en una bebida. Sin embargo, todavía falta tiempo para que tales productos salgan al mercado global con precios accesibles. Aun así no se espera que antes de cada toma el usuario compruebe el contenido del vaso, ya que **en cualquier lugar, evento y momento, la más breve distracción puede ser aprovechada por alguna persona de malvadas intenciones para añadir droga en la bebida de otra**. Entonces, al conocer el riesgo y su dimensión, sin ser paranoicos, hay que tomar ciertas medidas de prevención, tal como investigar si ha habido incidentes o sospecha de incidentes similares en los lugares donde sus hijos se van a divertir o con qué tipo de gente van a estar, aun en una reunión privada. La otra opción es asegurarse que van en grupo, con personas de confianza que realmente se cuidan unos a otros y que no se separan en el transcurso de la noche.

En lugar de determinar con quién no pueden salir, hay que incitarlos a rodearse de personas de confianza creando una red social que actúe como un sistema autónomo de alerta de riesgos; que enfatice la conducta preventiva y que, en el peor de los casos, esté cerca para reaccionar adecuadamente y lo más pronto posible al reconocer las señales de peligro, sin distraerse por querer pasar más tiempo en el lugar o con otra gente.

En cuanto a los efectos, la tendencia entre hombres y mujeres respecto del consumo de alcohol depende mucho del estigma social que le da al alcoholismo el sentido de liberalismo, así como los valores y disciplinas que se imponen en casa. Actualmente en todos los eventos sociales a los que acuden adolescentes y que carecen de la supervisión adecuada de gente adulta hay alcohol. Entre más lejanos estén los jóvenes del alcance de sus papás más consumirán en exceso. La decisión de permitir a los hijos ir a una fiesta no es sencilla si se tienen presentes los riesgos hacia su seguridad, el desarrollo de su independencia y también la ansiedad de enfrentar al adolescente con una prohibición.

La asistencia de sus hijos a una celebración pública debería permitirse siempre y cuando (1) confíe en la seguridad del ambiente, (2) pueden estar a su alcance para prestarles apoyo, y (3) demuestren ser merecedores de la confianza que les brinda por su comportamiento cotidiano, y no solamente por una buena actitud durante los días previos al evento.

4. *Acoso en la calle*

Circunstancia

Una persona que camina en la calle se siente perseguida por personas conocidas o por un extraño.

> »
> » ¿Cómo se debe reaccionar al momento de sentir un peligro, aun sin evidencia?
> » ¿Cómo hay que reaccionar si la persona sospechosa se acerca (1) por atrás; (2) desde el frente); (3) con un coche?
> » ¿Qué hacer si nos sentimos perseguidos en la tarde o en la noche en un lugar con poca luz y tráfico de gente o de vehículos?
> » ¿Qué hacer si cada vez que pasamos por cierto lugar una persona o un grupo de gente hace comentarios provocativos?
> » ¿Qué debe considerar nuestro instinto si cuando platicamos de esa situación recibimos comentarios tales como "no tengas miedo", "no seas paranoico", "eso no es nada", etcétera?

BASE DE CONOCIMIENTO

Realidad.

Desde muy temprano Alejandro sale de casa y se dirige a su trabajo. Son las 5 de la mañana. La calle está muy solitaria y debe caminar cierta distancia para tomar el transporte. Ya suman tres días que una persona se para frente a su casa. El primer día no se dio cuenta. Para el segundo se le hizo extraño que cuando empezaba a caminar esa persona lo seguía. Pasaron los días y seguía esperándolo frente a casa. Ale salía con miedo, pero nunca le dijo a alguien lo que ocurría. No pasó más de una semana cuando empezó a seguirlo más de prisa. Alejandro trató de apresurarse dando pasos más largos y a la vez volteando, pero lo alcanzó y le sacó una navaja, lo hirió en un brazo y le pidió que le entregara la cartera y el celular. Después de ese día Alejandro ya no volvió a ver a ese sujeto.[6]

Perspectiva.

Lo extraño en este caso es el número de veces que Alejandro pudo reaccionar ante el peligro potencial, pero no lo hizo. Sabiendo que muchas personas están conscientes de la inseguridad normalmente un delincuente utiliza menos tiempo para estudiar las debilidades de su víctima y actúa más rápido. De todos modos, aquellos que toman más tiempo para conocer los movimientos de sus presas en ocasiones se atreven a ser vistos al percatarse de que la gente no reacciona pese a que su instinto les dice que "se siente mal la presencia de tal fulano". Nuevamente es el problema de decidir que el potencial de riesgo no merece nuestra atención ya que se interpondrá ante lo que uno desea hacer.

5. Acoso sexual: Contacto inocente

Circunstancia

Una niña deja que un muchacho le toque arriba de la pierna y cerca del pecho.

- » ¿Cuál es la expresión adecuada para manifestar interés en alguien?
- » ¿Qué hacer si esos "toques" y tratos son parte de un juego social o una forma de bailar?
- » ¿Qué debe hacerse cuando incomoda el acercamiento y...?
    - a) hay más personas cerca que motivan esa conducta;
    - b) la persona es la pareja o alguien en quien tenías interés desde tiempo atrás;
    - c) es una persona muy popular o tú debes preservar la imagen de una persona popular;
    - d) también te sientes curiosa y atrevida;
    - e) estás en un cuarto cerrado;
    - f) hay una cámara que graba el evento;
    - g) esta persona trata de persuadirte al decir que "todos lo hacen así" o "sólo la gente popular lo hace"; "todo está bien"; si expresa cariño y afección, o usa amenazas.
- » ¿Cómo se desarrolla una relación sana de pareja hasta el momento de tener relaciones íntimas?
- » ¿Cuál es el uso adecuado de la imagen física para obtener atención y aceptación social?

BASE DE CONOCIMIENTO

Realidad.

Con todo tipo de detalles dos jóvenes italianas han explicado a la Fiscalía de Milán su experiencia personal en una de las numerosas fiestas privadas de Silvio Berlusconi, exprimer ministro de Italia, testimonio que puede poner al descubierto el contenido sexual de las que el exfuncionario definió como "cenas elegantes". Ambra y Chiara aseguran que en la cena en la que ellas participaron había unas quince personas. Según el testimonio de las jóvenes, Emilio Fede les tocaba las piernas, y quince minutos después de sentarse a la mesa algunas de las chicas invitadas se descubrieron los senos, se los ofrecieron a Berlusconi para que los besara y tocaron al primer ministro en sus partes íntimas.[7]

Perspectiva.

Muchos de esos casos no pueden traducirse en violación, imposición o manipulación, pero sí de una voluntad propia de las jóvenes de asistir a tales eventos y posteriormente exhibir su físico públicamente, con el peligro de exponerse a relaciones sexuales indiscriminadas. Desde eventos trascendentintales (como las vacaciones de estudiantes en el *springbreak*, hasta reuniones) más exclusivas, tales conductas pudieran significar expresión de libertad. En el fondo, sin embargo, tienen la intención de ligarse con gente de poder o poner al descubierto un carácter excesivamente sociable, *cool*, capaz de divertirse.

Esas chicas no proceden necesariamente de un hogar sin cariño, valores o disciplina. Todo lo contrario, algunas pueden obtener calificaciones satisfactorias en la escuela y aparentan ser niñas sanas y bonitas, así que la problemática no está siempre en la falta de presencia de figuras adultas, en la carencia de recursos personales o de educación, sino la manera en que aplican en la vida del adolescente la atención, el soporte y la seguridad que le dan sus papás en tanto se desarrolla su personalidad y metas dentro de un marco prudente. En caso contrario se producirá un carácter con fuertes dosis de liberalismo, acompañado por alcohol, drogas y la mala compañía de "amistades", buscando una compensación al explotar la única herramienta que tiene de manera exclusiva en su poder: su físico.

De igual forma hay que cambiar el comportamiento de los chavos que propician y aprovechan esta "disponibilidad" del género opuesto, producido por el mismo motivo de obtener la figura de una persona sociablemente respetable y validar la esencia de sí mismo. Al principio parece como una conducta adecuada por la exploración sexual en esta edad, un punto de vista ampliamente aceptado para varones. Sin embargo, las ramificaciones de ésta son más largas tanto en el aspecto académico, su actitud en la casa, la forma de llevar una relación de pareja y posteriormente en su vida laboral.

6. Acercamiento

Circunstancia

Un adulto se acerca a un adolescente con el ánimo de hacer plática.

» ¿Con qué adultos se permite y es adecuado sostener una plática?
» ¿Quiénes son los adultos de confianza en el ámbito del niño y cuáles son los temas que no se deben abordar con otros adultos, aun conocidos? ¿Quiénes son los adultos con los cuales el niño ha conversado recientemente?
» ¿Cómo alejarse de una plática cuando la otra persona insiste en seguir haciéndolo?
» ¿Qué distancia física y posturas hay que mantener durante la plática con un adulto, en diferentes circunstancias (por ejemplo de pie, en la escuela, en la calle, sentados en el coche, en una casa, etcétera) y con diferentes personas (desde los más confiables hasta los menos confiables)?
» ¿Qué actitud hay que tomar (información, mirada, tiempo de la conversación, etcétera) cuando se habla con un adulto que apenas se acaba de conocer?

BASE DE CONOCIMIENTO

Realidad.

Jacqueline sale de la secundaria a las ocho de la noche. Su escuela está distante de su casa, por lo cual debe usar transporte público. La base de combis que la deja frente a su casa tarda un poco, así que con todo y nervios por la hora que es debe esperar formada a que llegue una de ellas. Inesperadamente se acercó un hombre, de aspecto maduro, a hacerle la plática. A Jacqueline este tipo de cosas le incomoda por ser una niña tímida y por la forma en que llegó este hombre, haciéndole preguntas: "Qué bonita eres. ¿Vienes de la escuela?, ¿hasta dónde vas?". Ambos abordaron la misma combi y aquella persona seguía haciéndole plática hasta llegar al límite de ponerla nerviosa. Como vio que el hombre no se bajaba e insistía en pedirle el número de su celular Jacqueline le mandó un mensaje a su mamá para que la esperara en la esquina de su casa.[8]

Perspectiva.

Entre el adolescente y el presunto agresor se presentaron tres elementos que deben funcionar como señales de alerta para tomar una acción de protección: la timidez, la imagen del hombre y su comportamiento. A pesar de la prisa y la hora, Jacqueline debió anteponer su seguridad como prioridad; por tanto debió dejar que aquella persona subiera a la combi mientras ella esperaba la siguiente. Sin embargo, estaba ejerciendo tolerancia hacia el miedo, en lugar de accionar sobre el miedo. Por otro lado, hizo bien en pedir a otra persona que la esperara. De igual forma pudo hacerlo en voz alta, simplemente pidiendo eso, sin hacer mención del hombre o de sus intenciones, ya que pudo provocar más agresión. De hecho, es recomendable elaborar una frase clave. Hay que entender que la persona está en cierto nivel de peligro y no hay que hacer preguntas; sólo estar al pendiente de lo que pide, en este caso esperarla donde se baja de la combi.

7. Robo violento con fraude

Circunstancias

Una persona se enfrenta a un intento de robo en la calle.

» ¿Cómo valorar el riesgo de poner en peligro la vida frente a lo material y económico que se puede perder?

» ¿Cómo debe actuar el niño durante un asalto si está acompañado por un adulto?

» ¿Habrá diferencia en la forma de reaccionar al ataque con base en el número de agresores, el tipo de arma que portan, las amenazas y sus demandas, o cuántas personas están en calidad de víctimas o de testigos?

» ¿Qué hacer si uno se queda sin nada en la calle (sin dinero o ropa), en un lugar desconocido y posiblemente sin tráfico de gente?

» ¿Qué hacer si el robo se convierte en una amenaza de muerte o violación?

Una persona es engañada a invertir dinero en un servicio o producto ficticio.

» ¿Cómo hay que responder ante una propuesta que garantiza mucho dinero y fama al depositar, pagar o invertir una cantidad simbólica?

» ¿Cómo debe responderse si la promesa de ganancia no requiere la inversión de dinero, sino sólo hacer algo especial, tal como:
  - a) desnudarse
  - b) tener relaciones sexuales
  - c) vigilar un lugar
  - d) cuidar a una persona desconocida
  - e) entregar un paquete
  - f) ofrecer información personal o de un conocido?

» ¿Cómo actuar si durante el trámite surgen dudas?

» ¿Qué hacer si ya se aceptó verbalmente un compromiso y luego surgen dudas, inconformidades o incomodidades?

» ¿Qué tanto se debe confiar y proceder a cumplir el acuerdo si la persona:
  - a) Es muy amable
  - b) Es muy guapa(o)
  - c) Parece rica

d) Expresa necesidad o urgencia
e) Presenta documentos oficiales que respaldan su identidad u oferta
f) Es recomendada por un amigo
g) Está acompañada por otras personas (hombres o mujeres) que te hacen sentir bien, como el centro de atención
h) Te asegura que es un oportunidad única o qué tanto otra gente ha sido beneficiada
i) Empieza a presionarte o amenazarte
j) Si hay otra persona que dice que no hay más que respetar el acuerdo
k) Te lanza amenazas directas de lastimar tu nombre, imagen, causarte lesiones físicas o a otros seres queridos, pero que si se cumple lo que se acordó te asegura no va a pasar nada?

BASE DE CONOCIMIENTO

Realidad.

Fernando Baltazar, vecino de la colonia Valle Ceylán, en el municipio de Tlalnepantla, comentó: "Llevo viviendo aquí más de 50 años y nunca había visto tanta inseguridad. Hace poco unos jovencitos que no pasaban dei los 20 años me asaltaron, me quitaron mi cartera y mis lentes. No me pasó nada, a pesar de que me amenazaron con un cuchillo".

Realidad.

Dos jóvenes de 19 años que formarían un grupo de música tropical terminaron matando a una mujer en su casa. Se interesaron por dos órganos puestos a la venta en Internet, pero fueron a ver a los vendedores con intenciones de robar y cometieron el asesinato. María Valeria Musto Marotti tenía 33 años. Un delincuente la mató en su propia casa. Su esposo, de 48 años, fue herido de un culatazo durante el atraco. Los policías de Hurtos y Rapiñas detuvieron a los dos autores del ilícito, ambos de 19 años, y a un menor de edad que los acompañaba. "No tienen antecedentes penales, son del barrio Colón y gente de familia", afirmaron fuentes del caso. Según la versión policial, los dos jóvenes —que se acusaban mutuamente de haberle disparado a la mujer— se habían interesado en los instrumentos musicales que el matrimonio había puesto a la venta por medio de Internet. Concretaron ir a la casa de los vendedores, ubicada en la calle Juan José de Amézaga y Duvimioso Terra a las 22 horas de un sábado. Durante unos 20 minutos probaron los órganos en casa del vendedor, que es músico. "En determinado momento sacan las armas y les piden dinero", indicaron fuentes del caso. El hombre les dijo que no tenía. Según la versión policial, su esposa se arrodilló en el piso y él la abrazó para tranquilizarla. En ese momento "las cosas se les van de las manos" a los rapiñeros: El hombre recibió un golpe en la cabeza con la culata de una de las armas y su esposa fue baleada.

Realidad.

En los momentos en que el hoy occiso se dio cuenta de que un solitario hampón amagaba con una pistola a una mujer para quitarle su teléfono celular intervino para tratar de impedir el robo, lo que causó el enojo del asaltante y le disparó al menos en dos ocasiones; uno de los disparos dio en la frente del joven. Tras cometer el homicidio, el asesino huyó, mientras que la mujer, de 19 años de edad, pedía ayuda a vecinos de la zona. En cuestión de minutos llegaron los paramédicos, mismos que nada pudieron hacer por el joven, debido a que ya había dejado de existir, como consecuencia de la herida de bala que recibió.

Realidad.

Aproximadamente al mediodía , Ángel Rodríguez Amador, de 20 años, caminaba junto con su pareja cuando fueron abordados por dos sujetos. Ambos fueron amenazados para que entregaran sus celulares, pero cuando los delincuentes huían con éstos, Rodríguez Amador corrió para alcanzarlos, pero uno de ellos lo apuñaló. Herido, el joven se acostó en una banca, mientras era auxiliado por su novia y por una doctora que se encontraba cerca, pero a los pocos minutos perdió la vida.

Realidad.

Un joven estudiante de la carrera de médico veterinario fue asesinado cuando intentó bajarse de un microbús que fue blanco de la delincuencia. Lo anterior sucedió cuando César Alberto Vega Palacios, de 22 años, viajaba a bordo de la unidad del transporte público y al ver que varios sujetos armados comenzaron a asaltar a los usuarios intentó bajarse por la puerta trasera, pero fue lesionado por uno de los desconocidos. Tras lo anterior, los delincuentes se bajaron para darse a la fuga y así evitar ser detenidos.

Perspectiva.

La inseguridad se expresa en distintas formas y afecta a todos los niveles de la sociedad en una u otra forma. Sin embargo, eso no significa queel impacto pueda ser minimizado al saber cómo prevenirla (convertirnos en un blanco menos vulnerable) y cómo reaccionar (salir con menos pérdidas o lesiones menores). Hay que reconocer que el perfil de la delincuencia no corresponde a una edad, género o clase social determinados. No es el arma la que pone el peligro a la víctima, sino primordialmente la mentalidad del delincuente, y luego la reacción de la víctima al momento del asalto.

8. Provocación agresiva

Circunstancias

Una discusión entre dos personas se convierte en una agresión.

- » ¿Qué es una agresión verbal?
- » ¿Cómo se puede discutir en forma respetuosa?
- » ¿Qué hacer cuando, al parecer, la otra persona no entiende el punto ni la idea que uno desea aclarar?
- » ¿Cómo manejar la situación si la otra persona cambia el tema, empieza a ser grosera o irrespetuosa?
- » ¿En qué momento y forma hay que dar por terminada la comunicación y retirarse del lugar para retomar el tema en otra ocasión?

Una persona con escoltas o un grupo de amigos provoca a un adolescente.

- » ¿Debe hacerse caso a las provocaciones?
- » ¿Cómo manejar la situación cuando aquella empieza a "calentarse"?
- » Al retirarse ¿qué debe hacerse si las provocaciones continúan?
- » ¿Cuál sería el riesgo si ambos traen escoltas o amigos armados?
- » ¿Cómo cambiaría la situación al comportarse de manera violenta si cualquiera de los presentes (hasta uno mismo) cuenta con poder económico o político?

Una persona está siendo golpeada.

Un adolescente se percata de que una persona esta muy incómoda e inquieta ante el trato que otro individuo le da. Se cuestiona si debe y cómo apoyarla.

Un adolescente es testigo de cómo sus amigos provocan y se pelean con otras personas, y se pregunta si debe sumarse a la agresión o no.

- » ¿En qué momento y circunstancia hay que involucrarse?
- » ¿Cómo se puede apoyar a distancia?
- » ¿Qué hacer si se es espectador y de repente se presenta un peligro; está siendo amenazando a distancia o se le empieza a seguir como un nuevo blanco de ataque?

» ¿Qué tanto hay que involucrarse si la víctima provocó el enfrentamiento?
» Al estar involucrados, ¿qué hacer si el peligro es mucho mayor de lo que fue contemplado?

BASE DE CONOCIMIENTO

Realidad.

Gary tuvo un enfrentamiento con Thomas William Swannell, turista inglés de 45 años que había viajado a Mallorca con motivo de la celebración de un torneo de cricket. Parece ser que el motivo del enfrentamiento estuvo relacionado con una mujer. El asunto no pasó a mayores; ambos siguieron la noche por Magaluf, pero pasadas las dos de la madrugada coincidieron en un bar ubicado al inicio de Punta Ballena. Allí discutieron de nuevo, salieron del establecimiento y supuestamente Thomas rompió un botellín y degolló a Gary, quien falleció. La madre de los dueños del bar donde se inició la pelea explicó: "Mis hijos me han dicho que todo fue rápido; los dos turistas discutieron primero en la entrada del bar, luego salieron y uno atacó al otro, pero todo pasó en muy poco tiempo. Mis hijos avisaron a la ambulancia, pero cuando llegó ya nada se pudo hacer.[14]

Perspectiva.

Una pelea real normalmente dura sólo unos segundos, antes que la primera persona caiga al piso, pero la aceleración del nivel de agresión no es previsible.

Cualquier tipo de arma, ya sea de fuego o contundente, así como cualquier tipo de golpe tienen la potencialidad de matar, aun sin intención, más que la de asustar o lastimar. Al entrar en un enfrentamiento agresivo todos los niveles de heridas pueden ocurrir, pese al supuesto control que los participantes pretendan ejercer sobre el nivel de agresión.

9. *Acompañamiento*

Circunstancias

Una persona en el coche solicita direcciones a otra que va caminando, pidiéndole que la conduzca a el lugar que busca y comprometiéndose a llevarla después a su destino sin demorarse mucho.

Saliendo de un antro un grupo de chavos ofrece a dos niñas adolescentes la oportunidad de darles un aventón, pese a que no los conocían antes. En el camino pasan por la casa de uno de los chicos con el pretexto de que se le olvidó algo y las invitan a entrar.

» ¿Cómo contestar si uno no sabe bien la dirección o no se siente cómodo al atender a la persona que pregunta?

» ¿Qué información hay que rebelar únicamente?

» ¿Cuál son los riesgos al desarrollar una plática con esta persona, aunque sea breve?

» ¿En qué momento y forma se debe cortar la comunicación y adónde hay que dirigirse si uno se siente incómodo, en peligro o si simplemente no hay la intención de sostener una plática? ¿Qué hacer si la otra persona nos sigue?

» ¿Habría que tomarle la propuesta de acompañarlo si: (a) nos sentimos cansados de caminar o cargar las bolsas o mochila; (b) si tenemos prisa; (c) si el lugar está retirado o muy cerca; (d) si en el coche hay puras mujeres / varias personas / una sola persona con apariencia débil, elegante o inocente / si hay un niño o bebé en el coche?

BASE DE CONOCIMIENTO

Realidad.

Una muchacha de 27 años caminaba por las calles de la colonia Tepozanes cuando fue detectada por un grupito de chavos que transitaba en un vehículo. Al momento de verla comenzaron a chulearla y ya cuando pasaban la calle decidieron regresar, se acercaron y dos de ellos sacaron la cabeza para preguntarle la ubicación de la avenida Riva Palacio. La chava se detuvo y les comenzó a dar señas. Uno de ellos preguntó: ¿Está muy lejos de aquí? A lo que ella respondió que no, que estaba a 10 minutos. Le pidió que si por favor podía llevarlos, que venían de Michoacán a visitar a una tía y que no sabían andar por esos lugares.

La muchacha les dijo que llevaba un poco de prisa, si no lo haría con gusto. Uno de ellos respondió que si ella los acompañaba la llevaban hasta donde fuera. A final de cuentas la convencieron, pero cerca de donde supuestamente se dirigían se desviaron y se metieron a un hotel. Comenzaron a amenazarla con que si gritaba o decía algo no la iba a contar. Cuatro de ellos terminaron violándola y después fueron a tirarla cerca de un bordo. Los chicos se fueron y nunca más se supo de ellos.[15]

Perspectiva.

Es cierto que una ropa provocativa atrae más la atención, pero no es una regla para evitar el acercamiento de gente indeseada y hasta peligrosa, que primordialmente busca la debilidad y la oportunidad de acercarse. Por ejemplo, cuando empezaron a chulearla en ese instante ella tuvo que ponerse alerta y no tomarlo como un comportamiento inocente. Cuando regresaron fue la segunda alerta, ya que una persona sin mayor interés sigue su camino, pero quien tiene otro tipo de planes da vueltas en torno de la zona de su objetivo.

Si ya existe preocupación sobre la persona que se acerca, entonces no hay que dejar que se aproxime más. Se puede y se debe negar la petición del apoyo, diciendo amablemente por ejemplo "no lo sé", aunque no sea cierto, ya que la propia seguridad debe ser más importante que la socialización o el sentido de apoyar.

No hay que excusarse; simplemente se puede decir "¡no!", mantener esa postura y empezar a alejarse (para que el lenguaje corporal refleje la misma intención de las palabras, que no hay intención de apoyarle más que dándole una explicación de cómo llegar). Si la otra persona insiste, siguiendo a la chava no hay que tomarlo en el contexto de una interacción social, sino como una falta de respeto y un peligro potencial. Cuando negamos algo hay que ser directos y concretos. De lo contrario se complicará más nuestra posición y la posibilidad de salir de tal situación.

Al momento de percibir desconfianza o preocupación, ella debió insistir en salir del coche, usando la agresión física si era necesario. Aunque la dejaran en un lugar retirado, la prioridad era alejarse de ellos, negándose a la propuesta de que "no van a tardar mucho", "estamos aquí cerca de tu lugar", o "si nos das otra oportunidad te vamos a llevar o regresar a tu lugar". De ninguna manera tenía que confiar en lo que dicen, sino buscar la mejor oportunidad y manera de resistir y escapar.

10. Abducción bajo engaño de un conocido

Circunstancia

Un niño es engañado por un adulto diciéndole que es familiar de sus papás y que lo encargaron con él para llevarlo a cierto lugar.

» ¿En qué momento puede suceder que lo que dice el desconocido es verdad?
» ¿Qué hacer si hay duda y cómo se puede corroborar lo que dice el adulto?
» En cuando a su credibilidad, habrá diferencia si: (1) gente que conocemos validan a esta persona (pero no por lo que ella dice); (2) si es un hombre o una mujer; (3) si pide que la acompañen en coche o caminando; (4) si se demuestra conocimiento con la vida personal del niño; (5) si el niño desea ahorrar el dinero del pasaje, si tiene prisa o le da pena no aceptar la propuesta; (6) si la persona adulta parece tener prisa y nos pide apurarnos sin argumentos; (7) la niñera dice que hay que salir de la casa a visitar a un amigo de ella; (8) si los papás son separados y uno de ellos llega sorpresivamente a recoger al niño sin el conocimiento de su expareja.
» ¿Habrá diferencia por el lugar donde lo encontramos: (1) dentro de la escuela; (2) fuera de la escuela; (3) en un centro comercial; (4) cerca de los vecinos (hasta saliendo de su casa o jugando con ellos); (5) fuera de nuestra casa?
» ¿Qué hacer si al momento de acompañarlo nos sentimos inseguros a pesar de que la persona insiste en que no hay de qué preocuparnos?

BASE DE CONOCIMIENTO

Realidad.

En la escuela primaria Maximino Martínez Estrella. Es un recinto con mucha seguridad, pues para poder ingresar al plantel solicitan la credencial tanto a tutores como a los estudiantes, y en caso de no cumplir con ello se les niega la entrada. Cierto día hubo cambio de conserjes y dos mujeres llegaron al plantel haciéndose pasar por familiares de una alumna. Las personas que cuidaban la puerta les permitieron el acceso sin pedirles su identificación y llegaron a un salón de clases de segundo grado. Previamente habían visualizado a quién querían. Después se dirigieron con la profesora, a la que le dijeron que eran tías de la niña y que la mamá de ella se había puesto delicada y les había pedido el favor de que la llevaran a casa. Al principio la maestra creyó la historia y le preguntó a la niña si conocía a esas personas, pero ella quedó en silencio. La profesora le pidió que guardara sus útiles, que se iría a casa. La niña salió del plantel con las mujeres, pero cuando la maestra reaccionó solicitó ayuda a los conserjes. A tres cuadras del plantel la niña fue hallada.[16]

Perspectiva.

Este caso demuestra que un delincuente bien puede ser una mujer con imagen de persona con alto nivel social. Quienes delinquen esperan y explotan el momento oportuno para aprovechar las fallas en el sistema de seguridad y capitalizan en su favor cualquier signo de debilidad de la gente, que puede darse por varias razones, como tomarla distraída, tener prisa, sentirse mal, tener pena de hablar, cuestionar o retirar del lugar, no pedir apoyo, etcétera. Cualquiera de esas circunstancias puede ser aprovechada por personas con malas intenciones. La solución es básicamente tratar de asumir nuestra debilidad e incrementar nuestro sentido de alerta ante cualquier acercamiento o propuesta de gente extraña.

Otro problema que se percibe aquí es que la niña guardó silencio no por querer ir con esas personas, sino por su confianza tanto en el sistema de seguridad del lugar como en la maestra; es decir, si esa gente pasó con éxito todos los filtros, y además la profesora lo autoriza significa que son de confianza. La niña no reclamó que no eran sus tías porque la base de su educación es la obediencia.

11. *Abducción bajo engaño de un extraño*

Circunstancia

Con engaños, policías llevaron a una niña de 12 años a una casa abandonada.

» ¿Bajo qué circunstancias se podría o habría que confiar en personas con una figura de autoridad: policía, soldado, médico o enfermera, una persona con una credencial oficial (de cualquier tipo), un maestro en la escuela, un chofer privado, los papás de un amigo, un familiar distante, un vecino?

» ¿Qué debe hacerse al momento de sentir miedo ante la presencia de una figura autoritaria (policía, maestro, un adulto)?

» ¿Qué es un engaño? ¿Qué deberías hacer al momento de enterarte que has sido engañado? Y si fuera el caso contrario, ¿cómo habría que reaccionar si te acusan de ser mentiroso, débil o cobarde por negarte a hacer algo a lo que te comprometiste anteriormente y ahora te incomoda?

» ¿Qué debes hacer después de sufrir una agresión, tomando en consideración la pena, el dolor físico y emocional, así como la desconfianza en la gente?

» ¿Cuáles son los derechos del ser humano en términos de seguridad personal?

BASE DE CONOCIMIENTO

Realidad.

La Secretaría de Seguridad Pública de Cancún entregó a dos policías preventivos como presuntos responsables de violar a una niña de 12 años. La menor regresaba a su casa después de cumplir un encargo de sus padres. Con engaños, los agentes la llevaron a una casa abandonada, donde la forzaron a tener relaciones sexuales con ambos. Cuando vieron que la niña, cansada de llorar, se había quedado dormida se retiraron del lugar. Como pudo la menor llegó a su casa y narró a sus padres lo sucedido. Éstos decidieron presentar inmediatamente la denuncia ante la ssp y la Policía Judicial del estado. A las 2:00 de la mañana de ese día, el titular de la ssp local ordenó concentrar a todos los motociclistas en servicio en los patios del cuartel de la corporación. La agraviada, acompañada por familiares y agentes, identificó a sus agresores. Ante la imputación directa, los agentes, de 23 y 28 años de edad, fueron entregados a la Policía Judicial, que posteriormente los consignó ante la Fiscalía Especializada en Delitos Sexuales.[17]

Perspectiva.

Estamos acostumbrados a imaginarnos la figura del mal como lo vemos en los cuentos de hadas, donde los personajes con aviesa intención tienen rasgos particulares. Es decir, se ha creado un falso arquetipo del mal, lo cual ha sido aprovechado por agresores que logran acercarse y manipular a sus víctimas al manifestarse como gente de confianza.

En algunos cuentos al momento de que el engaño ha sido concluido con éxito y está por comenzar la agresión física la figura del mal se quita el disfraz de persona inocente y amable y revela su verdadera imagen. En realidad el disfraz no se quita; más bien la expresión del agresor (tanto verbal como la imagen de su rostro, así como su lenguaje corporal) se transforma al momento de sentir dominio sobre su victima.

Hoy en día los niños y adolescentes están rodeados por figuras de influencia, pero cualquiera de ellas podría comportarse de forma abusiva. Así mismo, debido a la admiración e inocencia también existe cierto nivel de entrega voluntaria por parte del menor de edad, que habrá de corregir e instruir tanto para prevenir la situación de peligro como para saber reaccionar al momento de sentirse en peligro o simplemente incómodos. En ocasiones la fuerza ejercida sobre la víctima ni siquiera es física, pero sí psicológica, al usar presión social, degradación moral u ofreciéndole algún beneficio a cambio de dejar de resistirse y superar la "incomodidad".

Desafortunadamente en muchas ocasiones las notas periodísticas revelan muy poco sobre los hechos de agresión para poder entender el lado victimológico; se queda con nosotros la responsabilidad de pensar sobre ese proceso desde el acercamiento, pasando por el engaño, el apoderamiento, el asalto, la reacción inmediata, hasta el tratamiento postraumático y de recuperación. Entre más lleguemos a entender cómo opera un agresor (aunque en el momento no sea calificado como delincuente y no se le perciba como una mala persona) y al mismo tiempo captar la reacción de sus víctimas, las debilidades que fueron explotadas y cómo se expresó la inocencia, más correcta será la instrucción de los hijos en materia de prevención y reacción.

Por otro lado, también habrá que aclarar la distinción entre casos excepcionales y la figura institucional en general. Me refiero a políticos y funcionarios del gobierno; a oficiales de los cuerpos de seguridad y justicia; a maestros y administradores en las escuelas y en centros comunitarios, así como a amigos, vecinos e integrantes de la familia, quienes conforman parte del círculo primordial del ser humano. Se trata de determinar el nivel de confianza del niño hacia cada tipo de institución ante la presencia de personas corruptas; cómo respetar la capacidad de una corporación que presta la atención debida, el apoyo y reaccionar adecuadamente al momento de sufrir abusos por parte de su propio personal.

12. *Engaño, corrupción y extorsión*

Circunstancias

Al salir de la escuela un niño pasa cerca de un adulto al que conoce sólo de vista y que con frecuencia le ofrece dulces, entre otras cosas. Después de cierto tiempo de ganarse la confianza del niño y de conocerlo mejor le pide un "favor". Cuando ve que el infante tiene dudas al respecto, el adulto empieza a presionarle, diciéndole que después de tantas cosas que recibió ahora el niño le debe.

» ¿Por qué no se debe recibir un regalo tentativo e inocente aun cuando se ofrece sin precondiciones?

» ¿Qué nivel de acercamiento físico o interacción se considera un peligro?

» ¿En qué otras formas un extraño puede intentar ganar la atención de un niño?

» ¿Cómo una persona puede ser considerada " alguien extraño" si proyecta cariño y confianza y nos sentimos bien con su presencia?

» ¿Qué hacer si de repente nos sentimos incómodos, con miedo o presionados a hacer lo que nos pide la persona (por ejemplo probar un dulce, jugar, etcétera)?

Un par de deportistas reciben dinero a cambio de perder a propósito un partido.

» ¿Cómo se podría rechazar tal propuesta y en qué momento del trato podría hacerse?

» ¿Qué tan confiables son cada uno de los participantes en ese acuerdo?

» ¿En cuáles circunstancias sería aceptable aceptar el dinero? Tomando en consideración:
   a) El tipo de amenaza
   b) Quién hace la amenaza
   c) Cantidad de dinero
   d) El nivel de daño generado a otros por dar seguimiento al trato

» ¿Qué implicaciones podría tener en el futuro la persona que acepta el trato ya sea de manera voluntaria o involuntaria?

» ¿Qué tanto se debe confiar en el "regalo" si ni el motivo que hay detrás ni el sentido de amenaza son tan aparentes?

BASE DE CONOCIMIENTO

Realidad.

Fernanda, una niña de ocho años raptada por un sujeto que le ofreció dulces, fue encontrada sin vida bajo el puente de un río en un operativo policíaco al que se sumaron decenas de familias. De acuerdo con la información publicada, la policía ministerial detuvo a un sujeto que tenía en su poder la muñeca de la menor. El procurador de Justicia del estado, Carlos Zamarripa Aguirre, señaló que el detenido, identificado como Gonzalo Rodríguez Sánchez, alias *El Urraco* o *El Cuervo*, de 30 años de edad, confesó ante el Ministerio Público haber matado a la pequeña "mediante la sofocación" con sus propias manos. La niña falleció por asfixia después de haber sido violentada sexualmente. Por esos delitos el responsable podría alcanzar 60 años de prisión, la pena máxima que establece el Código Penal del Estado, señaló el fiscal de Guanajuato. Al momento de su detención *El Cuervo* llevaba una mochila y dentro de ella una muñeca con huellas de sangre que pertenecía a Fernanda. El padre de la víctima denunció que su hija salió de su casa y en la vía pública fue abordada por un sujeto del sexo masculino, quien mediante engaños logró que lo acompañara al ofrecerle dulces. Vecinos de la colonia Buenavista dijeron a la policía haber visto a un sujeto apodado *El Urraco* o *El Cuervo* con la menor y al ser localizado el sujeto lo negó, pero después admitió su culpa ante el Ministerio Público.[18]

Realidad.

En su primer partido como titular, Alberto Aguilar, ahora de 25 años, anotó ocho goles. Le dio la victoria al equipo Pumas en la categoría de 15 años. Fue gracias a un entrenador interino que pudo pisar el campo. El entrenador oficial estaba en una gira por España y una vez que regresó no le permitió jugar nunca más, pues "únicamente elegía a los jóvenes con dinero". "Pasas toda la temporada en la banca, juegas dos partidos, metes goles y no vuelves a jugar. No queda más que decir. Me partió no competir". A muy temprana edad, Alberto dejó de soñar en ser policía o bombero cuando tocó el balón. No quería ser futbolista. Su padre lo llevó al Club de Futbol Zacatepec. Desde que pisó el campo se hizo de un nuevo sueño: jugar profesionalmente. Cuando cumplió ocho años, ingresó a Pumitas, división infantil de los Pumas de la Universidad Nacional Autónoma de México. Años después, a dos semanas de finalizar las pruebas para pertenecer a las fuerzas

básicas, Alberto se presentó y fue seleccionado en la nueva categoría para jugadores de 15 años. Su carrera en Pumas terminó, pues fue testigo de actitudes y
acciones que no iban con él: las mordidas para debutar y la corrupción. Señala que
a un compañero le pidieron hasta 500 mil pesos para entrar a la Primera División.
Se dio otra oportunidad: ingresó al Selectivo A de la Generación 1985 del Cruz
Azul. El delantero fue campeón de goleo en un torneo en Argentina. Aunque el
cuerpo técnico lo quería en las reservas de la "Máquina Celeste" el entrenador
no se lo permitió. Para formar parte de la selección juvenil debía entregar un
reporte de su trayectoria, documento por el que pedían dinero. Advierte que ello
sucede desde las escuelas de formación que los particulares abren con el nombre
de los grandes equipos. Una vez que se selecciona al jugador, el entrenador le pide
comisiones que pueden alcanzar hasta los 25 mil pesos. "No me gustó estar en
medio del dinero porque ya no eres dueño de tu juego. Lo que ocurrió chocó con
mi manera de pensar y decidí abandonar los clubes". La extorsión sucede en todo
momento. Relata que en un torneo estatal fue testigo de que un entrenador le
pidió a un padre una botella de Torres 10 a cambio de dejar participar a su hijo.[19]

Perspectiva.

El primer caso efectivamente parece ser un engaño más que un acto típico de
corrupción. No obstante, convencer a una persona de formar parte de un acto
corrupto es el producto la manipulación y el engaño. En este caso se inicia con la
propuesta de los dulces, atraer la atención de la víctima y ganar su confianza para
que haga algo prohibido; primero con una justificación para violar las reglas y
valores de uno mismo, y después con una distracción constante del peligro para
que la víctima acceda a hacer lo que se le pide a cambio de ciertos beneficios que
de otra manera no estarían a su alcance. Al momento de recibir la propuesta
corrupta todo parece perfecto, como si fuera una situación de ganar-ganar o simplemente de mucho beneficio, sin mayores obligaciones ni mucho menos riesgo.
Precisamente ahí se encuentra el engaño.

Todos los elementos que proyecta una persona intervienen para realizar el
engaño, desde la ropa, la postura, las palabras, el tono de voz, la forma de acercarse, la mirada, su olor , etcétera. La capacidad de una persona de alejarse o
prohibir que se le acerque indica al delincuente el dominio que puede tener sobre
su presa. Por lo tanto no es suficiente con decirle al niño "no aceptes dulces de una
persona extraña, ajena, sospechosa, que no conoces o que no has visto en otro momento". Pero hay que llamarle la atención sobre la forma en que se puede llevar a

cabo tal interacción, profundizar más sobre "la figura extraña"; hablar sobre los engaños posibles, tanto en la propuesta como en la forma en que intente ganarse su confianza, aprovechando la inocencia, curiosidad, deseos, necesidades, estado emocional o debilidad del niño (en general o en un momento dado).

La corrupción podría manifestarse en distintas formas y por distintos motivos. Al momento de no querer cooperar se convierte en un acto de extorsión y amenazas, tales como perder alguna oportunidad increíble, revelar cierta información que podría causar daño o pena, hasta lastimar gravemente a un ser querido si no se paga con dinero, con apoyo en una acción ilícita, o no se accede a una actividad sexual, entre otras intenciones. El engaño empieza por ganar la confianza sobre una promesa tentativa e inocente, descartando cualquier preocupación al respecto. Ya que se concreta el trato es cuestión de tiempo antes que la víctima se sienta atrapada en la circunstancia. Lo que empieza con una cooperación "voluntaria", o mejor dicho manipulada, se convierte después en una situación forzosa que pone en riesgo el futuro de la víctima, y en ocasiones puede costarle la vida.

13. Regalo

Circunstancias

Un niño es convencido por un adulto de acompañarlo para que le dé un regalo.

> » ¿Por qué no seguir al adulto para recibir algo que deseamos, necesitamos o por la pura aventura?
> » ¿Qué distancia y tiempo de ausencia debe considerarse un peligro?
> » ¿En qué otras formas un extraño puede intentar ganar la curiosidad de un niño?
> » ¿Quién realmente es un extraño si al parecer la persona nos conoce?
> » ¿Qué hacer si de repente nos damos cuenta de que estamos solos con esta persona y además en un lugar cerrado?

Una persona encuentra una bolsa de plástico (o de papel) en la calle, al parecer llena de algo. Se acerca, la abre y busca algo en su interior.

> » Tomando en consideración que el contenido de la bolsa podría incluir algún tipo de arma, explosivos, sustancias peligrosas o hasta animales venenosos, ¿qué tan recomendable es meter la mano si también uno piensa en encontrar algo de valor?
> » ¿Cuál sería la conducta correcta si en lugar de una bolsa de plástico se trataba de :
>> a) Una bolsa de mujer
>> b) Un portafolios
>> c) Una mochila
>> d) Una cartera
>> e) Una caja de juguete
>> f) Una simple caja de cartón?
> » ¿Habría diferencia si el artículo fuera encontrado:
>> a) En un centro comercial
>> b) En la escuela
>> c) En la casa
>> d) En el transporte público
>> e) En el coche de un familiar
>> f) Cerca de unas personas sentadas en una parada de autobús o en un restaurante

g) Fuera de una tienda

h) En el bote o tanque de basura

i) En el parque o en un jardín?

» ¿Qué se debe hacer si se llega a sospechar o descubrir que el contenido representa un peligro?

» ¿Cuándo sería adecuado posicionarse de un artículo ajeno? ¿Depende de su tamaño, valor económico o si existiera algún indicio de quién es su dueño?

BASE DE CONOCIMIENTO

Realidad.

Señalado de acosar a un niño, un taxista fue detenido luego de que el menor confesara a su madre que un sujeto lo seguía proponiéndole que fuera a su casa, donde le daría dinero y algunos objetos. De acuerdo con el reporte de la Policía Intermunicipal Xalapa-Banderilla-Tlalnelhuayocan, se trata de la detención de Valerio Trujillo Hernández, de 44 años, vecino de la calle Puerto Vallarta de la colonia Niños Héroes. Según la policía, acudieron al llamado de auxilio ya que les reportaron que un taxista tenía varios días acosando a un niño de 13 años, a quien invitaba a su domicilio con la promesa de obsequiarle dinero y objetos, pero cansado de ser perseguido el menor optó por decirle a su madre y ésta solicitó el apoyo de los preventivos. La mujer y su hijo señalaron al sujeto, que fue detenido por la policía y trasladado al cuartel "Heriberto Jara Corona", donde el departamento jurídico turnó el caso a la Agencia del Ministerio Público. El acusado, por su parte, dijo en su defensa que practicaba una caminata como acostumbraba cuando fue capturado por la policía, según indicó, sólo por saludar al menor.[20]

Realidad.

Bomba en un autobús en Israel

Un policía resultó levemente herido durante una explosión provocada por una bomba colocada en un autobús cerca de Tel Aviv, Israel. Sólo el llamado de alerta de los pasajeros, que detectaron a tiempo un bolso sospechoso en los asientos traseros del rodado, evitó una tragedia mayor. Un niño de diez años dio cuenta de un bolso abandonado, según uno de los testigos. Uno de los pasajeros irresponsablemente levantó suavemente el objeto, al que estimó pesado, y al abrir apenas el cierre notó algo así como un segmento de una olla de acero inoxidable y cables. Inmediatamente sospechó que se trataba de un artefacto explosivo y alertó al chofer para que evacuara el rodado. El autobús se detuvo en la esquina y en el momento en que los doce pasajeros se bajaron del autobús y dos policías se acercaban para desactivar la bomba el artefacto estalló.[21]

Perspectiva.

En el primer caso, desde el inicio el niño tuvo que avisar a sus papás de esos hechos o simplemente de su molestia, lo que significa que (1) el niño no reconoce o valora el riesgo; (2) lo interpretó como un intento de interacción social; (3) no existe una plataforma eficiente por medio de la cual los papás se enteran de lo ocurrido en la vida del niño (Más comentarios en el tema "Corrupción").

En el segundo caso, como decía el reportaje, el pasajero irresponsablemente trató de revisar el contenido del paquete. Sin embargo, por lo menos no lo recogió para abrirlo posteriormente en privado. En general, no hay que meter la mano en paquetes que encontramos o que recibimos por correo (hasta por Internet) sin saber de qué se trata o de quién es. La idea de tener la suerte de encontrar dinero, un artículo de valor o, en el peor de los casos, basura no supera la posibilidad, aunque sea poco común en ciertos países, que alguien tiene el propósito de generar daño al azar. Si existe la intención de regresar la bolsa a su dueño sólo hay que buscar si existen datos de contacto al exterior del objeto y avisar a la autoridad más cercana, porque tampoco sirve arriesgarse al ponerse en contacto con un extraño a pesar de la posibilidad de ser recompensados.

14. Toma sustancia: persuasión

Circunstancias

Un adolescente que no se siente bien es persuadido por un adulto de tomar una sustancia que le hará sentir mejor (por ejemplo un medicamento, droga, alcohol u otra sustancia desconocida y con diferentes opciones para el cuerpo de absorber, tal como inhalar, inyectar, masticar, tragar como bebida o comida, gotas, tocar, etcétera.)

Entre dos adolescentes uno ofrece al otro tomar unas pastillas para estar más despierto y tener más concentración para estudiar.

» ¿Qué hacer si se siente peor o raro después de tomar esta sustancia?
» ¿En qué momento al sentirse mal hay que buscar una solución química y en qué momentos no?
» ¿En la decisión de tomarla o no habrá diferencia si la persona recomendada es (1) un conocido; (2) un adulto; (3) un amigo adolescente; (4) un farmacéutico; (5) un doctor o enfermera que hemos encontrado (no por solicitar una cita); (6) un maestro; (7) una persona que ya probó la sustancia recomendada; (8) porque lo vimos en un comercial? ¿Y si nos prestan una muestra o nos recomiendan un establecimiento especial (formal o informal) para conseguirla posteriormente?
» Si nos sentimos muy mal y buscamos un alivio inmediato, ¿cómo se puede confiar en la recomendación?
» ¿Por qué hay estados de malestar para los que no se debe buscar una solución rápida o sencilla, aun cuando nos hemos esforzado y no hemos obtenido los resultados deseados? (por ejemplo el estrés producido por la vida cotidiana y que nos ocasiona un dolor de cabeza o de estómago; la tristeza y la depresión que no nos dejan disfrutar un evento social; el cansancio y la preocupación que no nos permiten ser productivos con las tareas; cuando deseamos mejorar nuestra imagen o definición muscular).

BASE DE CONOCIMIENTO

Realidad.

Después de salir de su casa Claudia Fermoso, estudiante de secundaria, comenzó a sentirse mal. Con mareos y dolor de estómago caminaba entre las calles, pero se detuvo en una zona transitada. Después de sentir un desguance quedó sentada en la banqueta. La gente pasaba sin cesar, hasta que una mujer se detuvo preguntándole: "¿estás bien?, ¿te puedo ayudar en algo?", a lo que la niña respondió: "me siento muy mal". La señora sacó de su bolsa una botella de agua y una caja de pastillas, le dio una y le dijo que se la tomara, que se sentiría mejor. Titubeante, la niña se la tomó y siguió hasta su escuela.[22]

Perspectiva.

Parece un caso de poco sentido común, pero ¿cuántas personas toman medicamentos otorgados por gente de la que no conocen bien su intención, aunque sean amigos o gente profesional? Simplemente se buscan soluciones inmediatas, de poco esfuerzo y responsabilidad, por lo cual con mucha facilidad accedemos a la propuesta de tomar pastillas, ciertas bebidas o seguir una dieta cuando un "amigo" o una persona con el mismo problema nos hace la recomendación, o al tratar de imitar ciegamente el comportamiento de una persona que admiramos, sin pensar en las consecuencias. De igual forma nos dejamos influir mucho al ver un anuncio atractivo en la tele, una recomendación de los conductores del programa, o simplemente por el diseño de la caja. Hay que inculcarle al niño la idea de que las mejores soluciones vienen al tomarse la molestia de buscarlas, cuestionarlas y dirigirnos a las personas adecuadas.

15. *Proporcionar apoyo*

Circunstancia

Un adulto mayor tiene dificultad para cruzar la calle.

» ¿Cuál es la forma apropiada de acercarse y ofrecer apoyo a (1) un adulto mayor; (2) a una persona en silla de ruedas; (3) a un invidente; (4) a una mujer que lleva muchas bolsas?

» ¿Cómo reaccionar ante una persona que rechaza el apoyo de forma grosera pese a que es evidente su dificultad para cruzar la calle?

» ¿Qué hacer si el adulto pide el apoyo para cruzar en un lugar peligroso, si se niega a ir hacia el semáforo o subir por el puente peatonal?

» ¿Qué hacer si mientras apoyas a la otra persona a cruzar la calle se cambia el semáforo y viene el tráfico?

» ¿Cómo hay que reaccionar ante la persona si esta: (1) no te lo agradece; (2) te ofrece una propina; (3) te pide que también la acompañes a su casa o a una tienda (ya sea porque está cerca o porque allí te dará una recompensa por el esfuerzo adicional)?

BASE DE CONOCIMIENTO

Realidad.

César Manzano, de 79 años, no resistió las heridas que sufrió en un accidente de tránsito y murió. El adulto mayor fue atropellado por un taxi cuando intentaba cruzar la calle. Todo indica que el fuerte golpe que Manzano recibió en la cabeza le causó un traumatismo craneoencefálico que le provocó la muerte. Según información de testigos "el señor tenía dificultad para atravesar la calle, vio el carro y pensó que le ganaría. El causante del accidente fue un taxi, cuyo conductor huyó". Con mucho dolor las hijas de la víctima señalaron que su padre era un hombre muy querido y "que le gustaba caminar."[23]

Perspectiva.

La responsabilidad puede repartirse entre varios culpables en este lamentable caso: El señor quizá no cruzó la calle con prevención y paciencia, ni solicitó el apoyo de otras personas; gente que lo vio y no se ofreció a ayudarlo; por supuesto, el taxista que lo atropelló; y desde luego su familia, que lo dejó andar solo en la calle, pese a conocer sus limitaciones físicas. De acuerdo con el reportaje, todos son responsables de la misma manera, ya que cualquiera de ellos pudo evitar el accidente. Sin embargo, en ocasiones hay poco que hacer cuando la persona adulta es sana y se resiste al apoyo o la asistencia de otros.

16. Pelea

Circunstancia

Un grupo de niños está peleando en el jardín de su conjunto residencial

> » ¿En qué momento un intercambio social, un juego físico, se convierte en un peligro? ¿Qué hacer en este momento cuando hay tanta adrenalina, emoción y provocación?
> » ¿Cuál es el costo y las consecuencias de un enfrentamiento físico? ¿Cuál es el límite? ¿Qué significa "perdemos aun cuando ganamos"?
> » ¿Cuándo es necesario asumir el riesgo de pelear?
> » ¿Habrá diferencia en las consecuencias de la pelea si se da en otro ambiente, tal como (1) en un salón de estudio, (2) en el jardín de la escuela, (3) en la calle, (4) en un centro comercial, o (5) en un parque público?
> » Si se considera que ser vecinos implica cierta amistad, respeto y confianza, ¿qué suele pasar y cuál es el comportamiento adecuado cuando un vecino deja de ser un amigo, una persona de confianza o de respeto al momento de cruzarnos con él?

BASE DE CONOCIMIENTO

Realidad.

Colinas de San Joaquín es un fraccionamiento donde la gente se lleva muy bien. Sobre todo por ser vecinos del mismo edificio los niños salen al jardín, juegan y se divierten. Como todo niño llegan a tener diferencias, pero los padres tratan de corregirlos en ese momento para que no vuelva a pasar. Hubo una fiesta de vecinos a la que todos los que habitan el edificio asistieron. Los adultos estaban en sus cosas y los niños jugando. De pronto uno de los niños comenzó a empujar a uno de sus amiguitos contra la barda; se pegó en la frente, y sólo porque no le quiso prestar su pelota. Comenzaron a gritar y los adultos salieron para saber qué estaba pasando. La madre del niño afectado le preguntó qué le había pasado, que quién le había pegado y el niño señaló al agresor. Entonces las madres de ambos se alteraron, discutieron y comenzaron a ofenderse verbalmente.[24]

Perspectiva.

Puede hablarse sobre la forma adecuada en la que deben jugar los niños; qué hacer cuando otro niño se comporta en forma provocativa y con mala intención, hasta cómo defenderse en caso de agresión física. Sin embargo, toda esa enseñanza quedará sin efecto si los papás no dan un buen ejemplo con su capacidad para manejar un intercambio verbal o en el control de emociones fuertes por causa de una agresión. Aunque el enfrentamiento entre las mamás no llegó al nivel de agresión física lo que los niños vieron y absorbieron fue agresión, falta de respeto, reclamaciones, rechazo a asumir la propia responsabilidad, intención de ganar el enfrentamiento al tratar de lastimar a la otra persona, y finalmente desgastarse y arruinar el trato con otros sin la intención de resolver el asunto principal. A partir de tales hechos los niños no distinguirán entre un tipo de agresión u otra y actuarán sin límites conforme a su capacidad de posicionarse socialmente.

17. Manifestación violenta

Circunstancia

El adolescente desea participar con sus amigos en una manifestación potencialmente violenta.

> » ¿Cuáles son las conductas aceptables y cuáles las inadecuadas en una manifestación? ¿Qué tipo de manifestaciones es recomendable evitar?
> » ¿Qué debe hacerse al ver que los compañeros se comportan en forma agresiva? ¿Cómo se debe responder al ser invitado a lastimar al personal de la policía o a cometer actos vandálicos?
> » ¿En qué momento hay que alejarse del lugar de la manifestación y adónde se podría retirar si hay una multitud de gente?
> » ¿Qué hacer al momento de confrontarse en forma directa con la policía antidisturbios si ellos se comportan en forma agresiva?
> » En caso de que un amigo sufre agresión por parte de un policía ¿en qué forma habría que apoyarlo?

BASE DE CONOCIMIENTO

Realidad.

El 1° de diciembre de 2012, día de la toma de protesta de Enrique Peña Nieto como presidente de México, hubo enfrentamientos entre manifestantes y elementos policíacos en la Cámara de Diputados y las inmediaciones del zócalo del Distrito Federal. Aunque no se ha identificado a cabalidad a qué organizaciones pertenecen los integrantes de las movilizaciones, en redes sociales se ha dicho que algunos de ellos pertenecen a Morena y al movimiento YoSoy132. Loa manifestantes buscaron la manera de romper el cerco metálico en la Cámara de Diputados y para ello llegaron al extremo de tomar un camión de basura que impactaron contra la valla envuelto en llamas. Los cuerpos de seguridad respondieron contra los manifestantes lanzando balas de goma y granadas con gas lacrimógeno. En ese enfrentamiento un joven resultó gravemente herido al recibir un proyectil directamente en el cráneo. Afuera del recinto los manifestantes destrozaron paradas del Metrobús, casetas telefónicas y hasta semáforos. Más tarde, cerca del zócalo, frente a la Alameda y Bellas Artes hubo más agresiones y destrozos, con jóvenes rompiendo los cristales de la entrada al hotel Hilton y arrojaban tubos, palos, bombas molotov y piedras a los policías. Algunos vándalos irrumpieron en un restaurante, del que sacaron sillas y mesas y les prendieron fuego. También rompieron ventanas de diversas negociaciones de la avenida Juárez de la capital de la República.[25]

Realidad.

La jornada europea contra la austeridad ha estado marcada en algunos países por huelgas y manifestaciones y con violentos enfrentamientos entre la policía y manifestantes que han dejado varios heridos, parte de ellos de las fuerzas de seguridad, y decenas de detenidos. Centenares de miles de personas se manifestaron en Madrid. La policía antidisturbios de Barcelona cargó con machetes y balas de goma para dispersar a los miles que marcharon por la ciudad. Un policía resultó gravemente herido en Turín y cinco más recibieron heridas leves en Milán en enfrentamientos al margen de las manifestaciones. Portugal también vivió a medio gas, con trenes y metros parados y numerosos aviones en tierra.[26] En Atenas, Grecia, hubo violentos disturbios en una manifestación masiva por huelga general. La policía dispersó a un grupo de manifestantes encapuchados con gases lacrimógenos para dispersarlos luego de que éstos atacaron con piedras y bombas incendiarias a los efectivos en la Plaza Syntagma.[27]

Perspectiva.

Es en la etapa de la adolescencia cuando empiezan a desarrollarse la ideología e identidad de la persona en medio de la estructura y el ámbito de su comunidad. Si se suma a lo anterior el sentido de rebeldía, las influencias de movimientos sociales en otros países, la facilidad de convocatoria a través de las redes sociales de Internet y una mala imagen en general de la policía, se facilita el impulso de tomar parte en actos violentos con el pretexto de luchar a favor de una causa o responder a la provocación policiaca. Es prácticamente un hecho que en cualquier evento de manifestación que involucra a mucha gente y que tiene la atención de los medios haya un grupo de personas violentas. Si la intención del adolescente es justa, se recomienda acompañarlo en las primeras ocasiones, con el propósito de enseñarle cómo moverse en medio de la muchedumbre, las formas adecuadas de manifestar las ideas, hacerlo conocer el nivel de tensión y dónde ubicarse cuando se detecta a gente violenta o que la policía se está acercando.

18. *Desorientación*

Circunstancias

Un niño en el centro comercial o en el aeropuerto se da cuenta de que perdió a sus papás.

Después de pasar un buen rato nadando en el mar el niño se siente cansado y de repente se da cuenta de que se alejó mucho y ya no ubica ni a sus papás ni la playa.

» ¿Qué se debe hacer en ese instante (cuáles son los pasos a seguir en forma detallada) cuando ocurre en distintos ambientes, tales como, (1) en la calle; (2) en un centro comercial o un club deportivo; (3) en el mercado; (4) en un edificio de oficinas o departamentos; (5) nadando en el mar; (6) en la playa?

» ¿Quién es la persona responsable de que nos suceda esto: el adulto, el niño, el lugar, o es un accidente inevitable que suele pasar tarde o temprano?

» En el momento que el niño se da cuenta de que perdió a sus papás, ¿qué debe hacerse si no hay nadie a quién puede acudir, si no tiene dinero y al parecer los papás no regresan?

» ¿Cómo evitar que esto llegue a suceder?

» ¿Qué debe hacerse en el tiempo de espera, aunque tarden horas en regresar, ya sea que hubo o no posibilidad de comunicarse con ellos, y se siente con (1) hambre, (2) necesidad de ir al baño, (3) frío, (4) ansiedad, o (5) aburrimiento?

BASE DE CONOCIMIENTO

Realidad.

Cuando un niño se pierde siente una gran angustia provocada por muchas causas, como la gran cantidad de gente que camina sin sentir su presencia, si es que se ha perdido en un centro comercial, o la ansiedad provocada por encontrarse sin su mamá. El caso es que todos los niños —o al menos la mayoría— se sienten perdidos alguna vez. Siempre que va con sus papás al centro comercial Julia se distrae con cualquier cosa y mientras ellos hacían sus compras la niña se puso a ver juguetes. Los papás siguieron caminando, olvidándose un poco de su hija. Cuando la pequeña se dio cuenta de que no veía por ningún lado a sus padres trató de dar unos pasos más, pero al no verlos comenzó a llorar. "Mi mamá no está, ¡mami dónde estás!" fueron las palabras de la pequeña. Al darse cuenta un trabajador del lugar la llevó a Atención a Clientes, donde fue voceada.[28]

Realidad.

"Estaba con mi mamá en una gran tienda. De pronto Nico, de dos años, se soltó de mis manos. No me preocupé porque lo estaba mirando. Se sentó en el suelo y comenzó a gatear entre los colgadores de ropa. No me preocupé porque lo veía. Me distraje dos segundos, lo volví a buscar con la mirada pero ya no estaba. Me puse pálida, con taquicardia. Empecé a llamarlo, primero en voz baja y luego no tan baja, pero sin gritar. Mientras lo buscaba mi mamá se alejó sin enterarse de lo que pasaba; no atiné a decirle nada. Sólo seguía buscando desesperada. Sentía mucho calor en la cara y pensaba si tendría que buscar a un guardia, pero preferí no alejarme del lugar para no perder tiempo. Pasaron como 5 minutos. Estaba desesperada. De repente me agaché y ahí estaba Nico, sentado entre los montones de ropa, agarrado al fierro de un colgador. Para él era un juego. Por eso estaba callado y no contestaba cuando lo llamaba. Para mí fue un infierno y los segundos parecían horas".[29]

Perspectiva.

Al pasear con un niño no es cuestión de distraernos o por cuánto tiempo lo perdemos de vista, pero el hecho es que existe un momento en que desconocemos su ubicación, confiando en que él nos va a seguir o buscarnos cuando no alejamos. Son precisamente esos momentos en que puede ocurrir algo grave, ya sea por un acto del niño (aunque sea pequeño) o por una persona de mala intención; no se requiere más que unos segundos de distracción para que suceda. Una solución es ponerle un cinturón de corta distancia para sujetar sus pantalones al de nosotros. Quizá no es cómodo ni da buena apariencia, pero es práctico para los momentos en que podamos distraernos y no queramos agarrarlo de la mano TODO el tiempo.

19. Interacción con un perro callejero

Circunstancia

Con miedo, un niño se detiene al ver a un perro en el camino.

> » ¿Cómo se evalúa el riesgo real y la reacción adecuada frente al miedo generado?
> » ¿Si otras personas no demuestran miedo, qué tanto debe incidir en nuestra preocupación sobre el tipo y nivel del peligro?
> » ¿Qué debes hacer si el perro te sigue, y además (1) empieza a caminar rápido o correr; (2) está ladrando; (3) se reúne con otros perros de diferentes razas; o (4) te ataca?
> » ¿Qué haces si al salir del peligro detectas a otras personas que se dirigen al lugar donde se encuentra el perro? Por ejemplo, no les comentas nada por pena o para que sean un blanco de distracción.
> » ¿Qué haces si al lado del perro se encuentra su patrón que (1) no toma en cuenta tu miedo; (2) que ve tu miedo como un juego para retarte; (3) que no le importa?

BASE DE CONOCIMIENTO

Realidad.

Una jauría de perros salvajes mató en dos días distintos a una madre y su hijo de ocho meses y a dos adolescentes de 15 y 16 años en la reserva ecológica del Cerro de la Estrella, confirmó la Procuraduría General de Justicia del Distrito Federal (PGJDF). Una de las adolescentes incluso llamó desde su celular a su hermana para decirle que estaba siendo atacada por perros salvajes, pero la llamada se cortó y ya nunca más se comunicó; ni su hermana ni algún otro familiar pudieron comunicarse con ella. Tras concluir los exámenes de la necropsia, los peritos forenses concluyeron que las heridas que presentaban las cuatro víctimas fueron provocadas por mordedura de perro antes y después de fallecer, una "hemorragia externa consecutiva a lesiones de los paquetes neurovasculares por cánidos".[30]

Realidad.

Un bebé de 1 año y 9 meses fue mordido por un perro Boxer, mascota de su familia. Ocurrió en una vivienda de la calle Renato Della Santa. El niño se hallaba en el patio de la casa cuando fue atacado por el can, que le produjo varias heridas en el cuero cabelludo y el cuello. Inmediatamente fue trasladado al Hospital del Carmen, donde fue operado. Las circunstancias en las que se dio el ataque se desconocen ya que no está claro si el niño habría querido jugar con el perro, o simplemente el animal fue a buscarlo para morderlo. Después de ser operado el bebé fue llevado al sanatorio Fleming, donde se recupera de sus heridas. Está fuera de peligro.[31]

Perspectiva.

La forma de prevenir un incidente de este tipo es primero detectar si el niño sabe cómo cuidarse del perro cuando éste se molesta, pues el animal no sabe medir sus reacciones. Precisamente este es el miedo que sienten ciertos niños hacia los perros. Si el perro está entrenado se reducen las posibilidades de que un incidente así ocurra, pero no elimina la responsabilidad de que un adulto esté cerca del niño cuando esté jugando con el perro, ya que los niños no tienen la misma fuerza o el mismo instinto para reaccionar ante un canino agresivo.

20. Interacción con una mascota

Circunstancia

Un niño encuentra un perro en la calle y comienza a jugar con él.

» ¿Cómo debe acercarse a un animal, aunque parezca amigable e inofensivo? ¿Qué tanto debe aproximarse, aunque sea un animal doméstico, atractivo o pequeño?

» ¿Cuáles son los riesgos y medidas de precaución que deben ser tomadas al acercarse a un extraño, ya sea un ser humano o un animal? (lo común entre los dos tipos de encuentros).

» ¿Qué tan seguro es jugar con un animal si se ve a otras personas, adultos o niños, jugando con él?

» ¿Qué significa "instinto salvaje"? y ¿la consideración del riesgo en el acercamiento, por (1) el nivel de conocimiento y experiencia de la persona con animales en general o con este en particular, (2) el tipo de animal; (3) por el tamaño del animal; (4) por el lugar en el que se está interactuando con el animal?

» ¿Qué tipo de peligro existe al interactuar con animales domésticos (cualquiera que se pueda encontrar en una tienda de mascotas)?

BASE DE CONOCIMIENTO

Realidad.

Un menor se convirtió en víctima de la brutalidad de un perro. El niño fue ingresado en estado grave a un hospital tras el ataque, ocurrido cerca de su domicilio. Fue por la tarde cuando Omar Alejandro Torres Barrón, de apenas 6 años, salió en busca de diversión, pero fue sorprendido por el animal callejero, que se le fue encima. Un momento de distracción de su madre bastó para que el perro derribara a Omar en el exterior de la casa marcada con el número 48 de la calle España. La ferocidad del hambriento can provocó varias lesiones al pequeño en la cabeza e incluso logró desprenderle una parte del cuero cabelludo, es decir, provocarle un escalpe. Tras estos hechos los rescatistas de Protección Civil se presentaron para brindarle los primeros auxilios y trasladarlo a la sala de urgencias de la Clínica 1 del Seguro Social.[32]

Perspectiva.

Al igual que un delincuente, un animal salvaje busca una presa débil, por su físico. Si la mamá del niño hubiera estado más atenta a su hijo posiblemente el perro no lo hubiera visto como un blanco potencial, o por lo menos ella pudo haber reaccionado más rápido ante el acercamiento de esta amenaza. (Más comentarios en el tema Interacción con un perro callejero.)

Transporte

21. *Conduciendo ebrio*

Circunstancia

Un grupo de jóvenes ebrios manejan en la noche.

» ¿Cuáles son los peligros de estar en el vehículo si (1) la persona que conduce está en estado de ebriedad; (2) su acompañante y los demás pasajeros están en estado de ebriedad?
» ¿Cómo puede saberse si uno está apto para manejar?
» ¿Cómo puede saberse si la persona que maneja o que desea manejar está en posibilidades de hacerlo?
» ¿Cuáles son las circunstancias en las que alguien puede sentirse presionado para manejar o subir a un vehículo cuyo conductor está bajo la influencia de alcohol o drogas?
» ¿Qué opinas cuando escuchas de un accidente donde hubo muertos porque el chofer estaba borracho, cansado o distraído? ¿Habrá diferencia si sólo hubiesen resultado lastimados o traumados?

BASE DE CONOCIMIENTO

Realidad.

La edad promedio en la que los jóvenes sufren algún accidente automovilístico bajó de 20 a 17 años, informó la Cruz Roja de Torreón, al referir que la problemática obedece al descuido de los padres de familia y al elevado consumo de bebidas alcohólicas entre los jóvenes. Félix Pérez Murillo, presidente del Patronato del nosocomio, informó que cada semana los socorristas atienden de 10 a 20 personas adolescentes involucradas en accidentes viales, cuyas lesiones van de leves a graves. "Podríamos informar que de 10 accidentes, 8 tienen relación con manejar en estado de ebriedad, sobre todo los fines de semana. Hemos notado a muchos jovencitos que no tienen siquiera su credencial de elector pero sí la posibilidad de comprar cerveza u otras bebidas que se supone son para adultos. "Lo más triste es que cuando los papás de los afectados son informados de los accidentes se sorprenden. Hasta ese momento conocen el alarmante consumo de alcohol de su hijo", señaló.[33]

Realidad.

En Xalapa suceden 10 percances automovilísticos al día por manejar a exceso de velocidad, 70 por ciento de los cuales tienen que ver con el alcohol. Además, 80 por ciento de los que consumen alcohol y manejan son jóvenes de 18 a 25 años.[34]

Perspectiva.

El sentido de responsabilidad no se desarrolla en un solo día ni se demuestra con una sola acción. Si el adolescente, por ejemplo, cuida bien su coche pero no actúa en forma respetuosa, es irresponsable con las tareas o no socializa con la gente adecuada, entonces no se le debe confiar un vehículo o ayudarlo a obtener su licencia de manejo, porque tarde o temprano va a fallar en los momentos en que esté sin supervisión, por falta de disciplina, por presión social o por un instante de ansiedad.

Cada acción es un reflejo del perfil general de la persona y no de un evento aislado. Al sentirse provocado, sus debilidades y vicios afloran.

22. Conduciendo distraído

Circunstancia

Una joven se distrae al manejar por mensajear en el celular.

» En cuanto al nivel de peligro, ¿cómo calificas las siguientes influencias en una persona que conduce un auto?
  a) Un nivel moderado de alcohol;
  b) Un medicamento antigripal que causa sueño;
  c) Recibir una llamada en el celular;
  d) Hacer una llamada en el celular: tecleando el número, usando el marcador rápido o la identificación de voz;
  e) Usar el manos libres;
  f) Leer o enviar mensajes;
  g) Revisar mensajes y actualizar el estatus en las redes sociales por el celular;
  h) Cambiar estaciones de radio, remplazar un CD o introducir el chip de memoria al contacto USB;
  i) Hablar con un acompañante en el coche;
  j) Cuidar a un niño o un bebé en el coche;
  k) Maquillarse en el semáforo o cuando el tráfico está pesado.

» ¿Con base en los elementos de la pregunta anterior, ¿cómo se puede mejorar el nivel de atención al manejar un coche y cumplir con la actividad estipulada?

» Por otro lado, en dado caso de que se decida esperar hasta que se den las condiciones adecuadas, ¿cómo se controla la ansiedad y las ganas de realizar la actividad estipulada para ahorrar tiempo?

» ¿En qué condiciones de manejo no hay mayor riesgo para desarrollar esas actividades?

» ¿Qué es lo peor que puede ocurrir si no atendemos una llamada o mensaje mientras manejamos?

BASE DE CONOCIMIENTO

Realidad.

Un nuevo estudio a cargo de GHSA (Governors Highway Safety Association) demostró el impacto que tiene el uso de gadgets (como los móviles y otros) a la hora de ocurrir un accidente en coche. De acuerdo con el estudio, 25 por ciento de los accidentes viales que suceden en Estados Unidos se asocian a una distracción cuyo origen es el uso de un gadget.[35]

Realidad.

Especialistas coinciden en que al escribir más zonas del cerebro son utilizadas, por lo que no se pone la atención debida al conducir. Pensar y enviar un mensaje de texto requiere 30 segundos; perder la vida sólo un instante. *"Hola amr dnd stas? tq mxo..."*, fue el último mensaje que un hombre envió a su esposa desde su teléfono móvil antes de fallecer en un fatal accidente de tránsito en la ciudad de México. Así lo constató Héctor Abecillas, paramédico-socorrista de la Cruz Roja Mexicana, quien al atender al automovilista notó cómo aún retenía en sus manos el teléfono celular encendido.[36]

Perspectiva.

¿Cuántas veces se ha explorado este tema en los medios? ¿Cuántas sugerencias han ofrecido políticos y celebridades al público para que dejen de ocuparse de los celulares y sus diversas aplicaciones mientras manejan? Es una muestra de soberbia, de exceso de confianza, una falsa idea concluir que las condiciones del camino no cambian de un momento a otro sin poder reaccionar ante el peligro. **No puede igualarse la mirada que pasa del camino hacia los espejos o hacia el velocímetro con la atención que se desvía al ocuparse del celular**. Tales disciplinas y valoración del riesgo empiezan con el ejemplo que dan los papás cuando manejan, ya sea que el niño viaje dentro del coche o que se dé cuenta de ello cuando sus papás le llamen desde el carro.

Ya que se ofrece el ejemplo adecuado se puede empezar con las explicaciones del peligro, ofrecer otros ejemplos de accidentes, aclarar los puntos de diálogo y tras la firma del Pacto poner a los hijos a prueba.

23. Conduciendo impacienteç

Circunstancia

Un joven manejando en la noche, cruzando el semáforo en rojo.

> » Tomando en consideración tanto el aspecto legal como el de la seguridad personal, ¿es necesario esperar a la luz verde si (1) no hay nadie en la calle; (2) si se da la vuelta en U, ya sea hacia la derecha o hacia la izquierda; (3) si es de noche?
> » ¿Cómo nos afectaría la decisión de cruzar la calle con la luz en rojo si (1) nos sentimos incómodos de esperar en ese lugar; (2) sabemos que el lugar es tranquilo y nadie se va a percatar o molestar por ello; (3) tenemos prisa; (4) es un lugar desconocido?
> » En caso de tomar la decisión de cruzar con el semáforo en rojo o en amarillo, ¿cómo hay que hacerlo para evitar un accidente?
> » ¿Qué tanto la prisa o el cansancio justifican ignorar los señalamientos viales?
> » ¿Cómo debes comportarte si la policía te persigue y luego te detiene por tales faltas?

BASE DE CONOCIMIENTO

Realidad.

Un accidente que involucró a dos motos y un Renault 19 dejó como saldo dos jóvenes heridos, uno de ellos de gravedad y, al parecer, una gresca entre los protagonistas del siniestro. Según los familiares de Leonel, adolescente de 17 años que permanecía en coma farmacológico en el Hospital de Urgencias Clemente Alvarez, el accidente se produjo porque el auto, conducido por Ricardo L., de 39 años, habría cruzado con el semáforo en rojo la esquina de bulevar Avellaneda y 3 de Febrero. Cerca de la 1:30 horas, un grupo de motociclistas se dirigía a la zona de La Florida. "El semáforo cambió de amarillo a verde, ellos siguieron la marcha y dos de las motos se impactaron contra el Renault". Siempre de acuerdo con el relato del hombre, al ver a sus amigos heridos los jóvenes habrían reaccionado contra el matrimonio que se desplazaba en el Renault porque "parecían más preocupados por el auto que por las personas".[37]

Perspectiva.

Una cosa es tener la razón; otra es hacer lo correcto. En cuanto al derecho al paso, la razón la tenían los dos jóvenes que andaban en las motocicletas. Sin embargo, aun teniendo la luz en verde lo correcto es cruzar la avenida como si no hubiera semáforo.

En la cultura de prevención, hablando de cualquier aspecto de la vida cotidiana el enfoque no deberá estar en los derechos de uno, pero sí admitir que existen negligencias, fallas, accidentes en cadena y a veces malas intenciones que se pueden evadir al buscar la precaución, en lugar de tomar acciones a ciegas por satisfacer el sentido de comodidad o el cumplimiento de la ley.

24. Conduciendo con descuido

Circunstancia

Un niño está usando los patines en forma arrebatada.

> » ¿Cuál es la forma responsable de utilizar los patines y las patinetas?
> » ¿Qué peligro se presenta en distintos ambientes aun manejando en forma responsable? Tal como sobre la banqueta, en una calle, en una avenida, en un centro comercial o mercado, etcétera.
> » Cuando se piensa en un peligro o un posible accidente, ¿qué tan importante es el factor de probabilidad?
> » ¿Cuáles son las medidas de prevención que hay que tomar para evitar un accidente o minimizar el daño de un accidente hacia uno mismo, hacia otras personas o propiedades?
> » ¿Cómo varía el nivel de importancia de esas medidas de seguridad y prevención por (1) la hora del día, (2) el periodo de tiempo durante el que se está jugando, (3) el número de personas que están jugando contigo, (4) el tráfico de personas en la zona, (5) u otras factores que hay que tomar en consideración?

BASE DE CONOCIMIENTO

Realidad.

Un joven patinaba por la zona de Ciudad Universitaria al parecer en sentido contrario a la circulación. Cerca de allí una decena de jóvenes patinaba a medianoche a gran velocidad. El joven, inexperto o el de peor suerte, un ecuatoriano de 20 años, fue atropellado por un coche que circulaba correctamente y falleció a causa del impacto. Un paramédico comenta: "Un grupo de psicólogos ha tenido que atender tanto al conductor, que estaba afectado por lo que ocurrió, como a un grupo de chavales que al parecer eran conocidos o amigos del joven fallecido. Se reunían para practicar patinaje extremo".[38]

Perspectiva.

Al parecer este fue un accidente, una eventualidad desagradable. Pero si se llega a descubrir que el joven no traía el equipo adecuado de protección ni los señalamientos para utilizar las vialidades en la noche, además de que manejó en forma irresponsable sobre el carril de circulación vehicular (y no en las orillas), desde esta perspectiva fue una negligencia de su parte que pudo ser evitada.

25. Conduciendo sin protección

Circunstancia

El niño está manejando la bicicleta sin equipo de protección.

» En una zona de tráfico vehicular o una sin mucho tráfico, ¿qué repercusiones trae un manejo descuidado?

» ¿Cuál es la importancia de usar equipo de protección si éste estorba, limita la vista y el movimiento, o si sólo se planea manejar un rato y con cuidado?

» ¿Por qué es importante usar el equipo de protección y respetar los señalamientos, pese a que cuando los papás manejan el coche no respetan todas las reglas y medidas de seguridad?

» ¿Si se respetan todas las señales de manejo en tráfico, ¿por qué hay que usar equipo de protección?

» ¿Por qué hay que aplicar todas las medidas de seguridad si otras personas no lo hacen y no les pasa nada, o si no se pretende manejar en forma tan intrépida como los profesionales?

BASE DE CONOCIMIENTO

Realidad.

Un niño de 11 años de edad murió tras sufrir una caída de su bicicleta en el barrio Breñas, del municipio de Vega Alta, informó la policía. Según se indicó, aproximadamente a las 4:30 de la tarde el menor, identificado como Omar A. Marrero Figueroa, circulaba sobre su bicicleta en la carretera PR–693, kilómetro 12.5, cuando sufrió una caída que lo dejó inconsciente. El niño fue transportado al Centro de Diagnóstico y Tratamiento de Dorado, de donde fue trasladado al Centro Médico de Río Piedras, donde falleció posteriormente.[39]

Realidad.

Grave fue la caída de un menor, Ubaldo Enríquez Carrera, de 14 años de edad, quien sufrió un accidente al circular a bordo de su bicicleta. Los lamentables hechos acontecieron en la colonia Córdoba 2000, de la ciudad de los 30 Caballeros. Los restos del menor fueron identificados por su hermana, Sandra Carrera, quien solicitó la entrega del cuerpo para darle cristiana sepultura. Este lamentable accidente ocurrió cuando el menor salió a realizar unas compras que le encargaron sus padres al "Súper Vecino". En el trayecto Ubaldo sufrió una convulsión, lo que provocó que perdiera el equilibrio y cayera de espalda, golpeándose la cabeza con el pavimento. Quedó tendido en el piso algunos instantes. Después de recuperarse el escolar regresó a su casa, pero con un fuerte dolor en la cabeza, por lo que sus padres decidieron llevarlo a la clínica del Seguro Social, donde se confirmó que presentaba un coágulo en el cerebro. A solicitud de los médicos fue canalizado al Hospital de Especialidades del IMSS, donde desafortunadamente no superó la grave lesión que sufrió y perdió la vida.[40]

Perspectiva.

La conclusión que lleva el primer reportaje no es extremar los cuidados en los barrios, o usar equipo de protección en determinadas zonas, pero hay que equiparse bien, pues no sabemos lo que puede pasar. Lo que sí es un hecho es que este modo de transporte no es un juego y no se puede prever el impacto de una caída en cualquier tipo de colonia, aunque sea la más "segura". De hecho, los profesionales son quienes, más toman medidas de prevención, al conocer y respetar el riesgo en todo momento, dentro y fuera de las competencias.

Por otro lado, en el segundo reportaje el equipo de protección hizo su parte, que es brindar la oportunidad de que sea rescatado y tratado por médicos, pero el equipo tiene sus límites ante la fuerza del impacto y la zona del cuerpo que queda expuesta. No es la idea proteger todo el cuerpo, a tal grado de que no pueda moverse. En este nivel de preocupación sería mejor no permitir que el niño use bicicletas. El equilibrio entre la comodidad y la prevención está al margen de la inseguridad, y en ocasiones se puede incrementar más la protección con disciplina (que tampoco es una garantía). Es cuestión de aceptar la posibilidad de que haya un accidente. La decisión de asumir el riesgo, en cambio, al permitir que el niño tenga la oportunidad de hacer algo que otros niños hacen, recae en sus papás.

26. *Conduciendo en condiciones de riesgo*

Circunstancia

Un adolescente está manejando su bicicleta en la noche y en una vialidad central.

» ¿Cuáles son las leyes internacionales, locales y de precaución en general que deben seguirse en cuanto a los señalamientos, equipo y conducta en una vialidad central?

» ¿Qué hacer cuando uno se queda atorado en una autopista?

» ¿Cómo se debe cambiar la forma de manejar si se está en (1) noche o día; (2) solo, con una o dos personas o en grupo; (3) la ciudad, cerca de la casa o en una carretera o autopista; (4) distintas calidades de pavimentos y tierra; (5) cuando existen banquetas, carriles laterales o especiales para bicicletas; (6) cuando se cruza la calle o una glorieta con o sin un semáforo?

» ¿Qué se debe hacer si se detecta que un vehículo se acerca en forma agresiva, señalándote que debes quitarte del camino?

» ¿Cuáles son las obligaciones comunes para todos los conductores, de cualquier tipo de transporte en vialidades?

BASE DE CONOCIMIENTO

Realidad.

Un niño de 8 años murió como consecuencia de las heridas sufridas tras ser atropellado por un automóvil conducido por un hombre de 40 años que al llegar a la intersección con un camino vecinal embistió a Esteban Fulqueiro Rodríguez, quien circulaba en bicicleta e intentaba cruzar la ruta. El pequeño fue trasladado al hospital, donde se le certificó "paro cardiorrespiratorio, múltiples fracturas de cráneo, lesiones en las vías urinarias, coma profundo y fractura de fémur derecho". Lamentablemente dejó de existir, producto de las lesiones sufridas. El conductor del automóvil expresó que circulaba a una velocidad de 60 k/hr y al llegar al camino vecinal sólo vio una sombra y sintió un fuerte golpe; detuvo la marcha y observó que se trataba de un niño que iba en bicicleta.[41]

Realidad.

Weylandt salía de una semicurva en el descenso del paso del Bocco, a 20 kilómetros de finalizar el recorrido, y al incorporarse a la recta su pierna izquierda se atoró con la protección del camino, lo que provocó que el ciclista belga perdiera el control, cayera de su bicicleta, rodara 20 metros y se estrellara contra un muro de piedra. "Cuando llegamos al lugar del accidente estaba inconsciente. Su estado ya era muy comprometido. Tratamos de reanimarlo durante 40 minutos, pero no había nada que hacer", relató el doctor Giovanni Tredici, encargado de anunciar la muerte del ciclista de 26 años Wouter Weylandt cuando se corría la tercera etapa del Giro de Italia.[42]

Perspectiva.

Un niño de 8 años no debe andar en bicicleta sobre una vialidad, aunque sea en zona vecinal. Es mejor llevarlo al parque, o que por lo menos haya un adulto cerca que pueda advertirle cuando un coche se acerca. Es cierto que en cualquiera actividad existe margen para sufrir un accidente. La duda está en qué tantas medidas hay que adoptar para la prevención sin que se deseche la posibilidad de poder disfrutarla, por un lado; por otro, debe haber valoración del riesgo cuando se maneja sin equipo de protección aunque sea por un "ratito" o en zonas sin grandes obstáculos, conscientes de que basta con una sola caída para sufrir daños severos, como si se estuviese involucrado en un accidente de alto impacto.

27. Conduciendo entre peatones

Circunstancia

Un adolescente maneja la patineta en la banqueta donde transita mucha gente.

> » ¿Qué podría pasar al chocar o accidentarse con otra persona y en qué forma se puede llegar a crear daño o lastimarse a sí mismo o a otros? (desde lo más leve hasta lo más grave).
> » Para obtener el paso, ¿qué tanto es cuestión de señalar, pedirlo, gritar, insultar, advertir o intimidar a los peatones?
> » ¿Cuál es el valor de ofrecer una disculpa a los peatones accidentados si uno maneja sin cuidado por prisa o distracción?
> » ¿Cómo debemos cruzar las calles con o sin semáforos?
> » ¿Qué significa un manejo prepotente, tomando en cuenta que siempre hay accidentes, incluso peatonales?

BASE DE CONOCIMIENTO

Realidad.

Israel Rosales, joven de 25 años, es fanático de la patineta; pasa horas y horas practicando. Su transporte no es un carro ni una moto; es una vieja tabla que conserva desde que iba a la preparatoria. En una ocasión fue al tianguis, aun sabiendo que no se puede pasar muy bien por la multitud de gente que concentra. La puso a ras del suelo y comenzó a patinar. Trataba de manejar con precaución, esquivando a la gente, pero de pronto una niña corriendo le salió al paso, sin darse cuenta que Israel venía en la patineta, quien la aventó aproximadamente a un metro de distancia, lastimándole los brazos y provocándole raspaduras en cara y cuerpo. La gente comenzó a insultarlo y a decirle que fuera consciente, que cómo se le ocurría patinar en un lugar donde transita mucha gente.[43]

Perspectiva.

En un accidente que arroja gente herida se responsabiliza a la persona que se mueve más rápido, o a quien para ello utiliza un modo de transporte, aunque se trate de una bicicleta, patines o patinetas. No hay que olvidar lo delicado del cuerpo humano ante cualquier impacto, aunque en ocasiones no es la fuerza del golpe lo que trae mayores repercusiones, sino el lugar donde se recibe, la forma de caer, la parte del cuerpo que se lastima en la caída, y las condiciones de salud del lesionado previas al incidente, lo que puede agravar el daño tan sólo con un golpe en apariencia intrascendente.

28. Conduciendo con cultura de seguridad

Circunstancia

Una familia se encuentra en su coche poniéndose el cinturón de seguridad y el seguro de las puertas.

> » ¿Por qué hay que poner el seguro a las puertas y utilizar el cinturón de seguridad?
> » ¿Varía la necesidad de ponerlos según la distancia, la velocidad y el lugar en el que se maneja?
> » ¿Qué se debe hacer si el niño no desea colaborar y el adulto no tiene tiempo ni paciencia para explicar la importancia de esas medidas de seguridad?
> » ¿Qué tanta condescendencia debe haber hacia un adolescente o a un niño para cumplir las medidas de seguridad?
> » Si existe la preocupación de que esas medidas pudieran causar problemas al salir del coche en caso de una urgencia, ¿cómo debe decidirse aplicarlas o no? (independientemente del marco legal que obliga a ponernos el cinturón de seguridad).

BASE DE CONOCIMIENTO

Realidad.

Hoy en día son pocos los padres que reconocen la gran responsabilidad que tienen en la formación del carácter o personalidad de sus hijos, especialmente cuando los niños tienden a recurrir a conductas inapropiadas. Lo cierto es que los padres deben asumir la gran tarea de instruir, corregir, proteger y dirigir a sus hijos para convertirlos en personas de bien. Jorgito y Dana son dos hermanitos instruidos por sus padres. Siempre que salen de paseo sirven de ejemplo a sus primos al ponerse el cinturón de seguridad, y cuando ven que su mamá no lo hace los pequeños le dicen: "Mami debes usar el cinturón, por tu seguridad, cada que subas al auto". La madre de los pequeños se lo pone y les contesta: "Aún no está tu papi en el coche, pero ya lo tengo puesto". Antes de partir a su destino revisan el aceite del carro, la gasolina, bajan los seguros y se colocan el cinturón de seguridad.[44]

Realidad.

Un grave accidente automovilístico ocurrido en el sector de Puerto Oscuro, en la cercanía de Los Vilos, provocó la muerte de una familia, luego de que volcara el jeep en el que se trasladaban. De acuerdo con lo informado por *24 Horas*, con base en datos aportados por carabineros el vehículo se desplazaba a exceso de velocidad, por lo que en una de las curvas el conductor perdió el control para posteriormente volcarse. En el lugar fallecieron tres de los cuatro ocupantes: un hombre identificado como Patricio Tapia Rojas; su pareja, Carmen Gloria Aránguiz Ogalde, y la hija de ambos, mientras que el cuarto pasajero resultó sólo con heridas leves. La autoridad destacó que quien sobrevivió utilizaba el cinturón de seguridad.[45]

Perspectiva.

El primer caso es un buen ejemplo para la instrucción adecuada de los niños. En cuando al segundo, a pesar del tamaño del vehículo **todo tipo de transporte es susceptible de sufrir un accidente y ocasionar** lesiones a los pasajeros. Debemos recordar que utilizar el cinturón no es únicamente para proteger al ocupante ante grandes impactos, ya que la reacción del cuerpo ante cualquier cambio repentino de velocidad o de dirección del vehículo, por muy leve que sea puede causar heridas internas (en ocasiones fatales), aun manejando despacio.

29. Comportamiento en el vehículo: Ventanas

Circunstancia

Niños dentro de una camioneta sacan las manos y la cabeza fuera de la ventana.

» ¿Qué riesgos representa esta conducta si el coche está (1) moviéndose lento; (2) rápido, con o sin otros vehículos alrededor en la ciudad o en una carretera; (3) parado en un estacionamiento; (4) detenido en un semáforo?

» ¿Por qué entonces se permite a los perros sacar la cabeza por la ventana?

» ¿Cuál son los riesgos de sacar el cuerpo por el quemacocos cuando el coche está (1) moviéndose lento; (2) rápido; (3) parado en un estacionamiento; (4) detenido en un semáforo?

» ¿Habrá diferencia sobre el peligro de este comportamiento por (1) el tamaño del vehículo; (2) el tiempo de sacar las manos y/o la cabeza; (3) la distancia al hacerlo; (4) la forma en que el auto es conducido; (5) si la persona que maneja no es muy estricta y/o también le gusta "divertirse"?

» ¿Por qué no hay que repetir o imitar esta conducta si (1) se ven otras personas haciéndolo sin preocuparse; (2) si existen ganas y curiosidad de sentir el viento; (3) si lo haces con cuidado; (4) si anteriormente no pasó nada malo; (5) si estás en el coche con otras personas que lo hacen y te invitan a imitarlas o te dan ganas de hacerlo también para sentirte como parte del grupo o compartir la experiencia?

BASE DE CONOCIMIENTO

Realidad.

Angélica Medina, madre de dos niñas —Sofí, de 10 años, y Claudia de 8— hiperactivas que no pueden mantenerse un rato quietas. Siempre que salen de paseo llevan a su perrita Lulú. En el vehículo los gritos y risas de las pequeñas y el ladrido de la perrita son interminables. Sus padres siempre han intentado tranquilizarlas, pero no lo consiguen. Les gusta mucho bajar la ventanilla del carro para poder sacar las manos y la cabeza. En una ocasión iban rumbo a casa de una de sus abuelitas. La más pequeña tenía las manos y la cabeza afuera de la ventanilla. Su madre, quien conducía, ya les había advertido a las dos que si no se comportaban no se quedarían con su abuela y sin darse cuenta se le fue pegando mucho a una camioneta. De pronto la pequeña se levantó, pegándose en la frente con uno de los espejos. Angélica comenzó a regañarla y a decirle que ya se lo había advertido, así que no estuviera llorando.[46]

Perspectiva.

El error de la mamá fue seguir manejando mientras las niñas estaban en peligro. Al ver que las amenazas y castigos no causaban un cambio favorable en el comportamiento de sus hijas, debió demostrar ante todo su preocupación al parar el coche hasta que se tranquilizaran, pero al seguir manejando para las niñas el intercambio de reclamos con su mamá se convirtió en un juego de atención y poder. Cuando un niño está en peligro no hay que dar continuidad a la acción anterior, sino en primer lugar asegurarse de que el niño no está en riesgo; de lo contrario el sentido de la preocupación pierde su valor.

30. Comportamiento en el vehiculo: Momento de salir

Circunstancia

Niños sentados en el asiento de atrás bajan con precaución a la banqueta.

> » ¿Por qué hay que bajarse del coche del lado de la banqueta aun cuando estemos sentados en el otro extremo?
> » Si no hay manera de bajar del lado de la banqueta, ¿qué precauciones debemos tomar al descender del lado que pasa el tráfico, aunque sea lento y con una distancia prudente de la puerta abierta?
> » ¿Cómo se debe bajar del coche si de un lado hay mucho tráfico y en el otro hay (1) plantas; (2) otros vehículos estacionados; (3) un bache lleno de agua; (4) si tienes prisa?
> » Al bajarse del coche del lado del tráfico, ¿qué hay que cuidar si el coche se estaciona (1) en una esquina o curva; (2) en un semáforo; (3) en una glorieta; (4) cerca de un camión parado?
> » ¿Qué debemos hacer al querer bajar de un microbús que abre las puertas y desciende la velocidad, sin saber si llegará a detenerse completamente? ¿Qué haces si estás inseguro de bajar en ese momento, pero sientes presionado a de hacerlo por las personas que están paradas detrás de ti?

BASE DE CONOCIMIENTO

Realidad.

La familia Torcedillas está integrada por los padres, además de Dani, de 6 años; Moisés, de 7, e Irma, de 8 años. Como a cualquier niño todo les parece fácil, sobre todo los consejos de un adulto. Sus padres siempre les han dicho que deben tener cuidado al momento de bajar del carro, hacerlo con mucho cuidado y sobre todo del lado de la banqueta para evitar accidentes, especialmente cuando transitan muchos carros. **Los niños siempre se han negado a hacerlo**. Iban en el vehículo y se estacionaron para pasar a un Oxxo a comprar bebidas. El padre dejó a los menores en el auto, pidiéndoles que no se bajaran, pero Moisés, sin fijarse en los carros, abrió la puerta y salió corriendo. El carro que iba a un lado pitó, y al darse cuenta el padre fue, lo jaló y lo reprimió al decirle : "Por qué bajaste de esa manera, sin fijarse en los carros" y **que ya se había cansado de decirles cómo descender del carro.**[47]

Perspectiva.

La diferencia entre una instrucción y una recomendación en primer lugar está en la forma de decirla y supervisar que se lleve a cabo, tomando en consideración la capacidad que el niño tiene para entender, aplicar y respetar la indicación. La razón por la cual uno es desobediente no se puede atribuir tan fácilmente al sentido de rebeldía o al carácter. En el fondo de una instrucción se encuentra toda la dinámica de la relación entre los papás y sus hijos. Es una manifestación de los años de convivencia, que contempla el trato, ambiente, soporte, cooperación, respeto y la sensibilidad expresados de manera cotidiana dentro de la familia.

Es incorrecto pensar que una vez que se llega a decir algo coherente en la forma correcta y con las mejores intenciones habrá respeto por lo menos a tal indicación, cuando en el fondo existen rechazos a la persona o a la forma de conducirse, por impropias experiencias en esta relación o por no representar un buen ejemplo.

31. Comportamiento en el vehículo: Mientras se conduce

Circunstancia

Niños juegan en el carro con imprudencia distrayendo a la mamá.

> » ¿En qué momento el juego se convierte en un peligro?
> » ¿Qué conductas pueden ayudar y cuáles perjudicar la concentración de la persona que conduce?
> » ¿Habrá diferencia en lo que se considera un comportamiento adecuado en el coche entre una persona u otra que lo maneja: (1) papá; (2) mamá; (3) abuelo; (4) hermano; (5) un amigo; (6) los papás de un amigo; (7) en un taxi; (8) en el transporte escolar; (9) en un transporte público, etcétera?
> » ¿Qué haces si otros niños en el coche te molestan o te provocan a propósito, sabiendo que un enfrentamiento puede causar una distracción peligrosa a la persona que maneja?
> » ¿Cuál es el comportamiento esperado de un adulto, adolescente o un niño sentados atrás o al lado del chofer? ¿Habrá diferencia entre la expectativa y tolerancia que se debe ejercer entre esas tres personas?

BASE DE CONOCIMIENTO

Realidad.

"El accidente ocurrió pasadas las 7:15 horas sobre la avenida Ramos Mejía, cuando un micro escolar que transportaba a varios chicos después de colisionar con un auto terminó arrollando una parada de colectivos", dijo un vocero policial. "Como consecuencia del accidente una mujer que se encontraba en la parada y un niño resultaron heridos, mientras otros chicos sufrieron contusiones varias", agregó la fuente consultada. Una de las nenas que iba en el micro afirmó que el chofer cruzó el semáforo en rojo y "se distrajo porque estaba poniendo un CD de música". "Esto no puede ser. Yo estoy golpeada y estoy cuidando a mi prima. La semana pasada casi chocamos por culpa del chofer", señaló la nena entre lágrimas. Sin embargo, el conductor sostuvo que un colectivo lo encerró y que en ese momento "los chicos se estaban peleando y gritando". Poco después de las 8:15 comenzaron a llegar al lugar ambulancias del SAME y familiares de los alumnos.[48]

Perspectiva.

Al mismo tiempo que puede apoyar a la concentración, la música puede ser un factor de distracción, depende del género, volumen y el tipo de tarea que se hace mientras se escucha. Manejar un vehículo es considerado como una tarea compleja tanto por la cantidad de sentidos utilizados, como la coordinación corporal y la cantidad de variables y constantes sorpresas que hay que atender en forma rápida.

En este caso, si ya había ocurrido que el chofer no manejaba con cuidado no debió permitírsele que trasladara a los niños. Desafortunadamente, por consideraciones ajenas al asunto principal, como la pena de quejarse o la "complicación" de llevar a los niños a la escuela mediante otra alternativa, se dejó a los niños en manos del peligro. Ya sea que el chofer haya sido distraído por la música o por el comportamiento de los niños, la responsabilidad del manejo del vehículo es únicamente de él. Si no tiene las condiciones adecuadas para manejar sin peligro, entonces no debería arriesgar la vida de otros, dentro y fuera del vehículo.

32. Comportamiento en el vehículo: Conduciendo con un menor de edad

Circunstancias

Un niño está sentado sobre las piernas del papá mientras éste conduce el vehículo.

> » En un choque lateral, por el frente o por atrás, ¿cuál es la diferencia acerca del daño potencial al cuerpo del niño si está sentado en cualquiera de los lugares disponibles en el vehículo sin el cinturón?
> » ¿Cuál es la reacción del cuerpo al momento de frenar el vehículo en forma brusca después de manejar a una velocidad mínima, de 30 km/h?
> » ¿Qué tanto la reacción del cuerpo al momento que se frena el vehículo en forma inesperada es cuestión de fortaleza física y control mental de los instintos?
> » ¿Qué tipos de accidentes o sorpresas suelen ocurrir al manejar en una zona sin tráfico aparente?
> » En cuando a la seguridad del niño ¿cuál será la diferencia si el niño se sienta en las piernas de su papá o de otros adultos de la familia que manejan un coche?

El hermano mayor conduce una motocicleta con la novia sentada atrás y el hermano menor adelante.

> » ¿Por qué el nivel de riesgo en el niño no depende mucho de la velocidad o la forma que se agarre a la motocicleta?
> » ¿El hecho de que exista un riesgo sobre la vida del niño es una consideración en sí, o cuestión de un riesgo calculado?
> » ¿Qué peligros hay en la vialidad para los que va en patinetas, patines, bicicletas o motocicletas, aun con ropa y casco de protección?
> » ¿Qué tanto protegen de un accidente el casco y la manera de sentarse en la motocicleta?
> » ¿Cuál será la diferencia en el nivel de trauma que sufre el niño entre un accidente en la motocicleta o en un coche particular (sin que tenga puesto el cinturón de seguridad)? ¿Cuáles son las posibilidades de que en el mismo accidente salga más lastimado que un adulto?

BASE DE CONOCIMIENTO

Realidad.

Algunos no se explican cómo es que padres de familia llevan a sus hijos, sin ninguna protección, parados sobre el asiento delantero, pegados a los vidrios de las ventanas, sacando las manos o sentados en sus piernas en un vehículo en marcha. Así es como los vecinos han visto a don Abelino, quien al llegar de trabajar siempre pasea con su hijo de tres años. Muchos de quienes lo han visto critican que el niño vaya sentado sobre las piernas y que vaya a una velocidad no adecuada. Un vecino detalló: "No es adecuado que el señor traiga en las piernas al menor mientras éste toma el volante; arriesga la vida del niño, así como la de otras personas al distraerse. Ya le pasó una vez, que por tener al pequeño en sus piernas le pegó a un carro".[49]

Realidad.

Un niño de 7 años de edad condujo el coche de su padrastro. Quería ir a ver a su papá, quien vive a 12 millas de la zona Filion. Parado sobre el piso del auto con un pie en el pedal del acelerador el niño de alguna manera sabía manejar lo suficientemente bien como para conducir 20 millas antes de ser detenido por la policía, en respuesta a una llamada al 911 hecha por un testigo que vio al chico conduciendo. La policía bloqueó al chico y lo sacó por la ventana del lado del conductor. "Estaba llorando y sólo decía que quería ir a casa de su papá", dijo el jefe de la policía, Caseville Jamie Learman. "Eso fue todo: Él sólo quería ir a casa de su padre". Las autoridades que lo detuvieron tratan de averiguar cómo el niño fue capaz de llegar tan lejos por su cuenta, y quién lo enseñó a conducir.[50]

Realidad.

Paula Gómez, de 27 años; César Zamorano, de 28, y José Gómez, de 8 años se accidentaron después de que circulaban a exceso de velocidad en la delegación Azcapotzalco. El accidente tuvo lugar cuando los jóvenes perdieron el control de la motocicleta en la que viajaban. Primero derraparon sobre el pavimento, para luego impactarse contra un árbol. Testigos del percance aseguraron que "no portaban cascos, iban a exceso de velocidad y al menor de edad lo llevaban en medio. Es una imprudencia que arriesguen la vida del niño".[51]

Perspectiva.

Para ciertas personas es irrelevante cuántas historias se escuchan sobre accidentes de motocicletas, o hasta quienes resultaron muertos o discapacitados. Ese tipo de accidentes no son por mala suerte o por una negligencia momentánea. Aun con equipo de protección y manejando con cuidado, existen muchos obstáculos en el camino, a lo que habría que agregar el factor de que este vehículo no puede proteger a sus pasajeros y se voltea con facilidad, por lo que las posibilidades de un accidente se incrementan. La negligencia está en el solo uso de este vehículo, dando más prioridad a la diversión, ahorro de tiempo y costo de traslado que a la salud y seguridad física.

Aun cuando el adulto maneje con cuidado, despacio y en una zona libre de tráfico vehicular o de peatones, existe el riesgo de que el niño salga lastimado por pegarse al volante o al vidrio en una parada repentina. También existe el peligro de que otro vehículo se acerque sin control y choque contra ellos, o que por atender a su hijo el papá no alcanzace a reaccionar ante cualquier imprevisto. La sensibilidad sobre un riesgo es algo personal, que antepone la preocupación sobre los detalles del riesgo antes que la perspectiva sobre la probabilidad de ocurrencia, la confianza en uno mismo de poder reaccionar adecuadamente, y el deseo o la necesidad de realizar esta actividad sin considerar alternativas. Lo triste en este caso está en la posibilidad de que un día ocurra algo peor, ya que este señor no escucha lo que le dicen los demás ni aprende de la experiencia, pensando que es cuestión de estar más en alerta o que el incidente anterior fue un simple accidente. Por lo tanto, con tal actitud si llegara a a ocurrir algo grave culpará a otros elementos presentes en el momento del suceso. Mientras tanto será cada vez más atrevido al ver que no ocurre algo malo.

En el segundo reporte se puede deducir que el niño obtuvo el conocimiento de manejar el coche con sus papás, como demuestra el caso anterior. No fue sólo por ver la tele o por los videojuegos. Los niños observan todo lo que su ambiente les ofrece; no solamente lo que el adulto pretende enseñarles, y la aplicación de este conocimiento se guía más por la supervisión que por las reglas, advertencias o "sentido común" que ofrecen los papás.

Transporte público

33. Chofer: Desobediente

Circunstancia

Un pasajero indica la dirección de su destino, pero el taxista toma otro rumbo.

¿Cómo debe ser valorado el nivel de peligro o, por consecuencia, reaccionar:

> » Si el chofer insiste que su camino es mejor
> » Si dice que es sólo para rebasar o evitar el tráfico o semáforos
> » Si dice que se equivocó o no lo entendió bien
> » Si te falta al respeto, se molesta, te amenaza verbalmente o con un arma
> » Si al principio le diste permiso para tomar otra ruta, pero luego te arrepientes?

BASE DE CONOCIMIENTO

Realidad.

Un taxista de la Villa de Etla, Curiel Pérez Domínguez, fue detenido por personal de la Agencia Estatal de Investigación (AEI) al contar con una orden de aprehensión como presunto responsable de haber atacado, junto con otra persona, a una mujer. La ofendida (de quien se omite su identidad por razones obvias) dijo que salió de un domicilio del fraccionamiento GEO San Miguel y abordó un taxi colectivo de la Villa de Etla para trasladarse al centro de la ciudad. Detalló que en el vehículo viajaba un pasajero y el taxista, quienes se mostraban sospechosos, pero no le dio mucha importancia. Sin embargo, apenas avanzaron unos metros otra persona les hizo la parada, pero el taxista no detuvo su marcha y aumentó la velocidad, con el pretexto de llegar rápido a la Central de Abasto. Más adelante el taxista dejó la carretera federal y tomó la desviación a

Asunción Etla, por lo que la joven le preguntó hacia dónde se dirigían, pero éste se negó a responderle. Al tratar de descender del vehículo la mujer fue sometida por el otro pasajero, quien en complicidad con el taxista la golpeó brutalmente y ambos la violaron en repetidas ocasiones en un predio baldío, donde la abandonaron a su suerte. Tras recuperarse, la joven se presentó ante el Ministerio Público, denunció los hechos y aportó la media filiación de sus agresores, así como las características del vehículo en que fue trasladada a ese lugar.[52]

Perspectiva.

Aunque un taxi colectivo sale más económico, hay que ser consientes de los peligros que hoy existen y no exponernos a situaciones donde estamos rodeados de personas, y no tenemos posibilidad de salir con facilidad. Por lo menos hubiera insistido en sentarse cerca de la puerta, atrás del chofer, asegurándose de que pudiera abrir al momento de sospechar que está en peligro y salir de allí lo más pronto posible.

De acuerdo con la declaración de la víctima confesó que "en el vehículo viajaba un pasajero y el taxista, quienes se mostraban sospechosos", y luego dijo que no le dio mucha importancia. Esas señales e instintos existen, pero en ocasiones los ignoramos por dar preferencia al tiempo o el costo del viaje. Si hubiese tomado la medida de prevención de salirse del coche en ese instante, quizá no hubiera sabido con certeza lo que le esperaba al permanecer en el auto; tal vez esa decisión se hubiese traducido en media hora más de viaje y pagar por otro taxi, pero con base en lo que ocurrió no parece una exageración tomar la decisión.

34. Chofer: Conducta personal

Circunstancias

Un taxista hace plática a su pasajero por medio de preguntas personales.

» En tal caso, ¿cómo se debe señalar y/o expresar al taxista que uno no tiene interés en hacer plática, ya sea que estemos solos y callados, si estamos platicando con otro pasajero, o si nos escucha hablando en el celular (es decir, que sí nos gusta platicar, pero no con él)?

» ¿Qué hacer o decir si el chofer sigue intentando hacer plática?

» Al intentar finalizar la plática o ignorar al chofer, ¿qué se hace si éste demuestra molestia o se muestra irrespetuoso o hasta verbalmente agresivo?

» ¿Cómo responder si el chofer hace preguntas personales? ¿Qué tipo de información no se debe compartir con el chofer bajo ninguna circunstancia, aunque sea que lo abordes en otra parte de la ciudad o en otro estado o país?

» ¿Cómo reaccionar si el chofer empieza a hacer propuestas inadecuadas, a presionar, o simplemente a hacerte sentir incómodo o hasta en peligro (aun sin evidencia)? ¿En qué consiste una propuesta o comentario inapropiado? ¿Cómo hay que responder si el otro se pone a la defensiva al asegurar que su comentario no tuvo mala intención?

El taxista está mirando por el espejo retrovisor de forma rara al niño, mientras que éste se sienta detrás del chofer abriendo la ventana y viendo que el seguro de la puerta está abierto.

» ¿En qué consiste una actitud o mirada "rara"? ¿Por qué hay que sentarse detrás del chofer si no es muy cómodo?

» ¿En qué debemos fijarnos cuando subimos al transporte público, a un taxi de la calle o de un sitio? ¿Qué se debe hacer si falta o tenemos dudas sobre uno de esos elementos?

» ¿Qué debemos hacer al momento de sentirnos incómodos o en peligro si éste ocurre (1) al subirse al taxi; (2) a la mitad del camino; (3) en un semáforo; (4) si maneja rápido y sin cuidado; (5) a unas calles antes de llegar al lugar de destino durante el día, en la tarde o en la noche?

» ¿Qué hacer si tus instintos dicen que algo está mal, aunque no exista algo evidente y (1) tienes prisa; (2) no tienes mucho dinero para bajar y tomar otro taxi; (3) estás acompañado por una persona que no advierte el peligro y no desea seguir tus medidas de prevención; (4) el taxi huele mal o con evidente falta de mantenimiento; (5) el taxista no se parece tanto como está en la foto, pero tiene símbolos religiosos adornando el vehículo; (7) el taxi tiene símbolos e imágenes inapropiadas que evidencian una mentalidad peligrosa (da ejemplos)?

» ¿Qué hacer si (1) las ventanas o las puertas no se abren bien en uno o en ambos lados; (2) la puerta se abre sólo por afuera o el seguro está controlado por el chofer?

Cada vez que la niña sube al autobús escolar el chofer la saluda en una forma que no es grosera, pero la hace sentir incómoda, y luego, durante el viaje, periódicamente la está mirando por el espejo retrovisor. Este ocurre con más intensidad cuando el adulto que usualmente la acompaña no se presenta o esta distraído.

» ¿Qué se debe decir o hacer en ese momento si:
   a) Esto sucede por primera o segunda vez
   b) Si es pura mirada "rara"
   c) Si el chofer mira así a otros niños también
   d) Si dice palabras bonitas?
» ¿Qué hacer si le dice algo y la otra persona se detiene o amenaza con bajarla del autobús a la mitad del camino?
» ¿Qué diferencia hay en esta situación si el chofer es una persona atractiva o al niño le gusta la atención?
» ¿Qué hacer si no sabe bien cómo interpretar la mirada, ya sea inadecuada o accidental?
» ¿Cómo reaccionar si esa mala actitud ocurre durante el camino, y los demás niños ni se dan cuenta o lo ven como una interacción inofensiva?

BASE DE CONOCIMIENTO

Realidad.

La empleada, de 23 años de edad, acusó a un sujeto que estaba a bordo de un taxi de llevar varios días acosándola. Dijo que esta persona en una ocasión le dio el servicio de su casa al trabajo y desde ese día empezó a acosarla. Le pedía que saliera con él, que se haría cargo de su hijo y a cada rato lo encontraba estacionado afuera de su domicilio y trabajo, por lo que, ante tanto acoso, pidió la intervención de la policía. Los uniformados detuvieron al taxista, Luis Muñoz Borzani, de 63 años, con domicilio en la colonia Formando Hogar; se le aseguró el taxi Nissan Tsuru III, color oficial blanco con rojo, número económico 2101, modelo 2004, con placas de circulación 6060-XCM del Estado de México. El detenido quedó a disposición de la agencia del Ministerio Público Especializado Contra la Libertad y la Seguridad Sexual.[53]

Realidad.

En la fiscalía especializada del Ministerio Público fue acusado por su mujer un taxista de la colonia Salvador Allende presuntamente por acosar a una mujer casada. El acusado asegura que es ésta quien lo acosa sexualmente. El presunto acosador es el taxista Jorge Torres González, de 38 años de edad, conductor del taxi 175, con domicilio en la calle Salvador Allende número 308. La señora (de la cual se reserva el nombre) asegura que el taxista la ha observado de manera libidinosa y cada vez que puede la espía, la acosa telefónicamente, le envía mensajes vía celular o la sigue a corta distancia cuando la ve salir de su domicilio, de lo cual no ha informado a su marido por temor a que haya un enfrentamiento entre ambos.[54]

Realidad.

John Worboys, un taxista de Londres, ha sido declarado culpable por haber asaltado sexualmente a una docena de mujeres y la Justicia sospecha que sea uno de los violadores más prolíficos del Reino Unido. Se cree que durante sus 13 años como conductor de los típicos *black cabs* londinenses habría atacado sexualmente a unas 500 mujeres. El taxista fue declarado culpable de drogar y asaltar al menos a 19 de sus clientas. En uno de los casos violó a la víctima. Su *modus operandi* consistía en recoger a las mujeres, ofrecerles champán u otras bebidas a las que agregaba sedantes con la excusa de que había ganado la lotería y, una vez indefensas, abusar de ellas.[55]

Perspectiva.

Si desde el inicio no se sostiene una plática y no se demuestra el agrado por la atención, en la mayoría de los casos el acoso se detiene. No obstante, en caso de ser necesario hacer un esfuerzo para tratar de ignorar las miradas o el intento de hacer plática, el sentido del acoso se convierte entonces en peligro, por lo cual sería recomendable bajar del transporte.

35. Comportamiento egocéntrico

Circunstancias

Un niño instalado en un asiento del Metro deja a su papá y a su hermano menor parados, mientras éstos cargan las mochilas.

En un parque de diversión, un adolescente corre adelante de sus papás dejando que ellos carguen todo el equipaje.

» ¿Qué significa ser egocéntricos o ser víctimas por falta de carácter, tomando como un ejemplo la situación de esta familia?
» ¿Cuál será la conducta adecuada en una situación ideal? ¿Cuál será la reacción adecuada en la situación descrita?
» Suponiendo que el papá tuvo la buena intención de ver a su hijo feliz, y por lo tanto: (1) dejó que su hijo mayor quedara sentado; (2) intentó demostrar cariño y afección al quedarse parado, cargando la mochila de sus hijos; (3) dejó que los hermanos resolvieran entre ellos quien debía sentarse ("si el hermano menor no se quejó es su problema"); (4) tuvo la idea de que quien llega primero gana; (5) hacer alguna crítica significa que su hijo no esté feliz. ¿Por qué esos conceptos son equivocados?
» ¿Cuándo y por qué hay que tener consideración por otra persona, sacrificando la comodidad de uno?
» ¿En qué momento hay que reclamar y exigir a una persona (conocida o extraña) cierta consideración, en lugar de quedarse sufriendo, quejándose en silencio?

BASE DE CONOCIMIENTO

Realidad.

Todos los días la señora Sara Gómez va por sus dos nietos al colegio. Uno de ellos va al kinder y el otro a la secundaria. Ella se hace responsable porque su hija y su yerno trabajan hasta muy tarde. Sara ya es una señora de 75 años, va a su mandado y después pasa por sus nietos; para ello tiene que tomar el transporte público, así que sube y baja con la bolsa de mandado. Después de recogerlos, tomó nuevamente el transporte. La señora ya iba muy cansada de tanto ajetreo. Ricardo, de 13 años, quien va a la secundaria, iba muy molesto; no le gusta que su abuelita vaya por él a la escuela. Subió al micro y se sentó en el único lugar vacío que quedaba, dejando a su hermanito y a su abuela parados, sin ayudarle a ella a cargar la bolsa ni la mochila de su hermano. La señora le pidió que dejara sentar a su hermano y cargara las bolsas, pero él se negó. De pronto el micro se frenó muy fuerte y la señora, que no estaba bien agarrada, cayó al piso, tirando la bolsa del mandado. Uno de los pasajeros le ayudó a levantarse y le cedió el asiento.[56]

Perspectiva.

Claramente el problema está en la educación que el niño recibe en casa. Sin embargo, también el problema está con la señora, que permite que se la traten así. Con la ocurrencia de las dos actitudes en situaciones extremas se propicia la victimización, así que tanto un adolescente con carácter débil como uno agresivo están sujetos a ser socialmente castigados por sus acciones e interacciones más adelante en su vida.

36. Jugar: Lugar

Circunstancias

Niños jugando y corriendo en el andén del Metro.

Niños corren en la orilla de una alberca.

» ¿Cuál es el riesgo que enfrentan esos niños o los accidentes que pueden ocurrir si hay o no mucha gente cuando (1) el tren no está en la estación; (2) el tren se está acercando; (3) el tren llegó y abrió las puertas?
» ¿Cuál es la conducta adecuada y las formas "tranquilas" de pasar el tiempo en este ambiente para una persona inquieta o impaciente?
» ¿Entre la conducta ética y preventiva, mientras se espera en el andén es adecuado: (1) escuchar música con audífonos; (2) sentarse en el piso, sobre la mochila o sobre el suéter; (3) leer o hacer la tarea sentados en el piso o parados; (4) gritar, reír o hablar en voz alta; (5) caminar en forma inquieta; (6) sacar la cartera o contar dinero; (7) exponer los artículos personales al acomodarlos en la bolsa o en la mochila?
» ¿Cuál es la postura, la forma y velocidad adecuadas de caminar en un espacio restringido donde constantemente hay movimiento de gente para evitar accidentes, enfrentamientos, acosos y asaltos?
» En tal situación ¿cómo deberán los padres de familia enfrentar, controlar y tranquilizar a sus hijos y sus amigos sin causar un escándalo?

BASE DE CONOCIMIENTO

Realidad.

Un niño de 10 años ha sido rescatado por un policía fuera de servicio después de caer a las vías del Metro de Milán cuando estaba distraído jugando un videojuego, según informa el diario *Daily Mail*. El menor, cuyo nombre no ha trascendido, iba camino al colegio cuando, ante la mirada horrorizada de los pasajeros, se cayó en la entrada del túnel. El joven policía, de 23 años, ha saltado y ha conseguido ponerlo a salvo segundos antes de que el tren hiciera su entrada a la estación. "Sólo me di cuenta de lo que había ocurrido cuando escuché los aplausos y vítores de la gente", ha confesado Alessandro Micalizzi, el improvisado héroe. "Fue en el único momento en el que asimilé el riesgo que había corrido. Reaccioné por instinto".[57]

Perspectiva.

Aún divirtiéndose con una actividad tan relajada uno se puede exponer a un alto nivel de peligro al no ser consciente y valorar bien los peligros que presenta el ambiente.

37. Jugar: Forma

Circunstancias

Un adolescente trata de tocar el Metrobús desde el andén cuando éste está en movimiento.

Mientras que el autobús va lento al arrancarse o pararse en la estación, ¿por qué es inadecuado o hasta peligroso:

» Tratar de tocar el autobús con la mano, patearlo o inclinarse (como descansando) hacia el vehículo

» Alcanzar a tocar el autobús con un objeto, tal como una mochila, paraguas o chamarra.

» Tirar un objeto, basura o agua (1) hacia el chofer; (2) hacia una ventana o puerta abierta; (3) hacia el autobús en general.

» Arrojar un objeto desde el interior del autobús hacia fuera.

» Tocar o intentar tocar las rejas y letreros de la estación desde el interior del autobús?

Unos adolescentes practican *street jumpers* (saltadores callejeros).

» ¿Qué daño físico podría ocurrir en los accidentes potenciales de esa práctica?

» ¿En qué momentos del ejercicio puede ocurrir un accidente y de qué manera?

» ¿Cuál sería la diferencia al practicar ese deporte y otros, tales como futbol americano, boxeo, paracaídas, montañismo, carreras de motocicletas o coches, ente otros?

» ¿Cuál es la forma más adecuada para sentir confianza en nuestras habilidades y practicar movimientos complejos?

» En cualquier práctica ¿qué tanto hay que seguir intentándolo si:
   a) Uno se lastima con frecuencia
   b) Uno se lastima pronto después de empezar a practicar
   c) Uno no está al nivel de otras personas en la comunidad
   d) Las lesiones son consecuencia de agresiones de otros jugadores ya sea accidental o intencionalmente
   e) Uno llega a lastimar a otras personas
   f) El juego tiene una imagen agresiva, ilícita o autodestructiva?

BASE DE CONOCIMIENTO

Realidad.

Cuando van acompañados de amigos, muchos jóvenes se hacen los valientes, los fuertes, o simplemente los chistosos ante su grupito de acompañantes. Arturo Castañeda es considerado el bufón de ellos; trata de divertirlos con sus ocurrencias, tanto que llega a arriesgarse al cruzar la avenida y torea a los carros. Cuando la vialidad está muy transitada esperan a que los vehículos paren un poco, cuando esto no ocurre Arturo les hace señas para que paren. Muchos de los conductores se llegan a detener, pero otros pasan a gran velocidad, tocando el claxon e insultándolos. En esa ocasión uno de los carros no respetó que estuviera cruzando y lo atropelló. Afortunadamente sólo sufrió golpes y raspones por querer hacerse el gracioso ante sus amigos.[58]

Perspectiva.

Esto es lo que pasa cuando el niño no está educado a (1) apreciar su vida; (2) apreciar un riesgo por lo que realmente representa; y (3) saber cómo divertirse y cómo posicionarse socialmente en forma sana. Tal actitud demuestra también falta de respeto a todas las personas que pueden resultar afectadas por un accidente, ya sea por el impacto emocional o por la suspensión del transporte.

38. *Acceso: En la parada*

Circunstancia

Una persona rebasando la línea amarilla del andén, inclinado y observando la llegada del Metro.

» Si hay otras personas que rebasan la línea y no les pasa nada, además de que les da una mejor oportunidad de subir primero al tren, ¿por qué hay que respetar la línea?

» ¿Qué se debe hacer si mucha gente te empuja o te sientes presionado en rebasar la línea para no estar parado tan cerca de ellos?

» ¿Por qué cuando el tren está en la estación también hay que respetar la línea amarilla?

» ¿Cuál es el límite y lo recomendable: (1) pisar sobre la línea; (2) pararse detrás de ella; (3) tomar unos pasos atrás para asegurar que no vas a caer por un accidente, mala conducta de otra persona o por el viento del tren o si simplemente tienes miedo de pararte cerca?

» ¿Cómo debemos comportarnos cuando (1) no hay una clara marcación de la línea amarilla; (2) vemos a una persona que está a punto de caer; (3) vemos a unos niños parados tranquilamente pasando la línea amarilla con o sin un adulto presente que ignora el riesgo; (4) vemos a una persona que se cayó a las vías; (5) si tú caíste a las vías y ves el tren llegando; (6) si estás acompañado por una persona que rebasa la línea y te reta a hacer lo mismo; (7) si por la cantidad de personas hay que empujarse o estar en la orilla para alcanzar a subir al tren; (8) si ves a una persona invidente caminado (a) cerca, (b) sobre o (c) rebasando la línea amarilla?

BASE DE CONOCIMIENTO

Realidad.

En ocasiones nos han pedido mantenernos atrás de la línea amarilla por nuestra seguridad. En ocasiones, debido a la multitud de gente, algunos son empujados; también puede ocurrir que alguien se desvanezca y caiga a las vías. De manera asombrosa dos personas se salvaron de morir al caer a las vías del Metro en la ciudad del México. En la estación La Raza una mujer se marea y comienza a caminar hacia las vías y cae al andén. Sin pensarlo, un joven que iba acompañado de su familia se lanza para auxiliarla y momentos después dos jóvenes más ayudan a subirla. A pesar de que el vagón no se encontraba cerca, los espectadores vivieron veinte segundos de angustia. En la estación San Lázaro un hombre de aproximadamente 40 años que se encuentra entre la multitud se desmaya y cae al paso del convoy. Los usuarios hacen señas desesperadas al operador para que detenga la marcha de la pesada unidad. Con el apoyo de una camilla, personal de seguridad del Metro sube al hombre, que se encontraba inconsciente; el rescate duró dos minutos. Estas personas sólo resultaron con algunos raspones.[59]

Perspectiva.

Es muy gratificante ver a tanta gente respondiendo y arriesgándose para salvar a una persona desconocida. Lo que tenemos que pensar es qué haríamos en tal caso. Con todas nuestras debilidades y retos personales, ¿cuánto tiempo tardaríamos en reaccionar y cómo lo haríamos en casos tan extremos como cuando la vida de alguien está en peligro?

39. *Acceso: Oportunidad*

Circunstancia

Una persona intenta meterse al Metrobús justo cuando se escucha el timbre del cierre de las puertas.

» Entre el deseo de meterse al autobús lo más pronto posible, el riesgo de que las puertas cierren oprimiéndonos, y consciente de la molestia que causaremos al empujar a las personas ¿cómo decidir si debemos intentar meternos al autobús?

» ¿Qué hacer si son otras personas las que te empujan al entrar o salir?

» ¿Qué haces si se escucha el timbre y te bloquean el acceso cuando deseas salir, o cuando deseas entrar después haber esperado a que pasaran varios autobuses?

» ¿Hay que insistir en entrar cuando (1) el timbre suena durante un buen tiempo; (2) las puertas están atoradas a la mitad, o de repente se vuelven a abrir; (3) cuando el vagón está lleno?

» ¿Cuánto tiempo transcurre desde que suena el timbre y se cierran las puerta? Y si varía, ¿qué tanto hay que hacerle caso?

BASE DE CONOCIMIENTO

Realidad.

Edgar Soto iba acompañado de un grupo de amigos. Se dirigían a una reunión con los de su salón de clases. Decidieron esperar el Metrobús, el transporte que los dejaba más cerca de la casa. Comenzaron a platicar y hacer su relajito. De pronto comienza a subir gente al transporte; subieron todos, y por hacerse el gracioso Edgar subió al último al momento de escuchar el timbre. Quiso ganarle a las puertas, pero no pudo; alcanzó a meter todo su cuerpo, pero un pie quedó afuera. Las puertas lastimaron su tobillo y del dolor que sintió gritó para pedir que las abrieran.[60]

Perspectiva.

Si se suma a este incidente la posibilidad de que las puertas cierren por completo por una falla del censor, y por consecuencia el chofer empiece a conducir, o
que, por otra falla, las puertas se cierren más fuerte de lo normal, un incidente
así no se convertiría en un accidente, pero sí en una secuencia de eventos cuyo
inicio fue producto del factor humano que retó las reglas de seguridad.

40. *Acceso: Atrapado en las puertas*

Circunstancia

Al entrar al vagón del Metro las puertas atrapan y lastiman al niño.

> » ¿Qué se hace si se ve a un niño atrapado entre las puertas tratando de entrar o salir del vagón?
> » ¿Qué haces si algo similar te sucede el Metro, Metrobús o en un elevador?
> » ¿Qué haces si las puertas atrapan tu mochila o ropa y el tren empieza a moverse mientras estás dentro del vagón?
> » Con la fuerza que cierran estas puertas, ¿qué tanto pueden lastimar a un niño o a un adulto?
> » ¿Qué haces si el cierre de las puertas te llegara a lastimar físicamente o causara daño a uno de los objetos que llevas?

BASE DE CONOCIMIENTO

Realidad.

Un accidente más: en uno de los vagones del Metro, Silvia Sánchez va acompañada de su pequeño Samuel, de 2 años. En medio de la multitud se arriesga a entrar con el pequeño. Sin darse cuenta la madre, al momento de cerrarse las puertas metro el piecito del niño quedó atorado. La gente se percató de ello porque el infante dio un fuerte grito y comenzó a llorar con gran desesperación. Al notar que la madre no podía moverse, testigos jalaron la palanca de urgencia para que las puertas se abrieran, pero el niño salió lesionado. La gente le dijo a Silvia que era una imprudencia de su parte arriesgar al pequeño.[61]

Perspectiva.

Lo triste en este reporte no sólo es que el niño haya salido lastimado y el riesgo que asumió la mamá a costa del bienestar de su hijo (un niño no puede soportar el golpe de esas puertas como un adulto), sino la falta de reacción de ella al ver que no se pudo mover. Ni siquiera dio mucha importancia a lo sucedido, ya que no hubo ninguna reacción emocional de su parte. ¿Cómo hubieras reaccionado si un niño bajo tu cargo estuviera atrapado y lastimado por las puertas? ¿Cómo reaccionarías en público si vieras a una mamá mostrarse tan indiferente ante el riesgo y dolor de su hijo?

41. *Acceso: Bloqueado por pasajeros*

Circunstancias

Al momento de descender del Microbús la gente bloquea la salida de una persona.

- » ¿Cómo se previene la salida?, y ¿qué tanto debemos poner atención a la puerta si al parecer no hay mucha gente?
- » ¿Qué hacer si la gente te bloquea el paso para acercarse a la puerta?
- » ¿Cómo podemos sentirnos seguros de pie y y rodeados de tanta gente?
- » ¿Cómo debemos pasar entre las personas hacia la puerta si uno lleva muchas cosas?
- » ¿Qué hacer y cómo manejar la angustia si no se logra bajar en la estación que deseamos?

Una niña distraída no se fija que le están sacando el celular del cinturón.

- » ¿Qué tanto una persona debe fijarse en sus alrededores mientras camina o está de pie sin perder la calma y disfrutando del paseo?
- » ¿Cuál es la forma más segura de cargar el celular, las tarjetas de crédito y el dinero?
- » ¿Cuál es la mejor forma de pararse en las escaleras eléctricas para evitar un robo de artículo o información (escaneo de tarjetas)?
- » ¿Qué hacer si sospechas que una persona intenta cometer un asalto?
- » ¿Qué hacer al momento de descubrir que un artículo fue extraviado?

BASE DE CONOCIMIENTO

Realidad.

Hoy fui una víctima más de robo en el Metrobús en la estación Buenavista. La sustracción de carteras y celulares en dicho transporte se ha incrementado de manera exponencial. A mi novia le han sacado dos celulares, uno a un amigo y a otro amigo la cartera. También había visto cuando un chavo comenzó a decir que le habían sacado su celular y otras personas le marcaron, pero no encontraron nada. El comportamiento de los carteristas es el siguiente: aprovechan que hay mucha gente y al llegar el Metrobús una persona bloquea la entrada, otra persona empuja muy fuerte y es entre esos empujones cuando sustraen el celular o la cartera. Al acudir con los policías te dicen que no pueden hacer nada. Mi opinión es que si en lugar de estar platicando pusieran atención en las puertas para identificar ese comportamiento podrían detectar a quienes participan en esas acciones o bien ahora que están de moda las camaritas instalar unas que apunten a las puertas de ascenso y descenso en las estaciones más transitadas.[62]

Perspectiva.

Esto es un ejemplo más de una persona que deslinda la responsabilidad sobre su propia seguridad. Lo que está proponiendo no es factible ni le va a dar una solución en cualquier acceso donde hay mucho público. La víctima debe aceptar que existen este tipo de robos, y que quienes los cometen aprovechan más la distracción de la persona que la cantidad de gente alrededor, por lo cual deberá proteger sus pertenencias con más cuidado.

42. Mirada inadecuada

Circunstancia

Una mujer adolescente se percata de las miradas perversas de una persona en el autobús.

» ¿Qué es una "mirada perversa"?, y ¿cuál es el peligro al detectar a una persona con esa mirada hacia ti o hacia varias personas?

» ¿En qué momento la actitud del agresor se convierte en un peligro que requiere una reacción inmediata, ignorando el costo del boleto o el tiempo que se va a perder al alejarse de esa persona?

» ¿En qué momento y forma hay que enfrentar a esos agresores? ¿Cuáles son los riesgos al hacerlo?

» ¿Habrá necesidad de reaccionar diferente si las miradas vienen de: (1) una sola persona o varios; (2) de un adulto, adulto mayor o de un adolescente; (3) de gente con ropa casual o de traje o quien viste uniforme (ejemplo, personal de seguridad); (4) una persona fea o una persona guapa?

» ¿Qué hay que hacer si la persona te está mirando y baja en la misma estación que tú?

BASE DE CONOCIMIENTO

Realidad.

Muchos le temen a subirse al microbús a cierta hora, sobre todo por los asaltos. Para Nimsi Estrada no queda de otra, ya que el micro es el único transporte que entra a la colonia donde vive. Su hora de salida del trabajo es a las siete de la noche, prácticamente un horario donde muchos toman el transporte para regresar a su hogar. Arriba del camión se acomoda y se pone los audífonos. Comenzó a subir mucha gente, hasta que un hombre quedó muy cerca de ella y empezó a observarla y a querer intercambiar miradas. Nimsi se dio cuenta de la intención del hombre y evadió las miradas, pero seguía incomodándola. Nimsi llegó a su destino y al pedir la bajada el sujeto caminó detrás de ella.[63]

Perspectiva.

En muchas ocasiones no es posible cambiar el horario de salida para evitar el tráfico de gente, por lo cual en lugar de angustiarnos por este factor hay que saber sobrevivir en esta realidad al desarrollar nuestra capacidad de mantenernos seguros y tranquilos en distintas situaciones, aunque sean improbables. Un ejemplo relacionado con este caso: al evadir la mirada se crea la impresión de un "juego" en el cual el agresor domina las reacciones de su víctima. En cambio, hay que mirarlo con enojo, dando la impresión de estar listos para lastimarlo en caso que intente acercarse más. Luego es recomendable movernos hacia la puerta. Si la persona nos sigue sin pena hay que pedir el apoyo del chofer o del resto del público y bajar de inmediato del transporte. Así no esperamos a ver la intención real del tipo.

43. *Acoso sexual: Contacto en público*

Circunstancia

Un adulto aprovecha la multitud para repegarse a un niño.

- » ¿Qué es un roce inadecuado?
- » ¿Cómo distinguir cuando es por accidente y cuando es intencional?
- » ¿En qué momento sería prudente ponerle un alto y en qué forma enfrentarlo?
- » ¿Cuándo hay que moverse y cuando hay que bajarse del transporte?
- » ¿En qué momento pedir ayuda a la gente que está alrededor o a alguna autoridad?

BASE DE CONOCIMIENTO

Realidad.

Marcela detalla: "Me pasó algo horrible, pero no paranormal. Resulta que regresaba de la secundaria ya tarde. Todavía no separaban a las mujeres de los hombres y el tren iba lleno. Me tocó ir con un tipo que se me repegaba bien feo con su 'cosa'. Yo, por tonta, ni me movía del susto. Para mi malísima suerte el Metro se paró en una estación y se fue la luz por un buen rato. Ya se imaginarán: si con luz ese tipo se propasaba conmigo y nadie le decía nada, pues sin luz fue peor. Me arrepiento de ser tan cobarde y no haber gritado, pues el tipo me empezó a tocar con sus manos y en una de esas me bajó el pants y me repegó su 'cosa'. Lo peor fue que creo que él también se bajó los pantalones. Fue demasiado traumante porque yo trataba de subirme el pants y quitarme de sus repegones, pero me tenía bien abrazada. Al fin regresó la luz. Al tipo le dio tiempo de hacerse el idiota y nadie se dio cuenta. Yo me fui hacia la puerta y al llegar a la terminal y abrirse volteé a ver si me seguía y miré al tipo a la cara. Era un gordo alto... el infeliz todavía sonrió.[64]

Realidad.

El secretario de Estado para la Función Pública y alcalde de Draveil, Georges Tron, de 53 años, ha sido acusado por dos antiguas empleadas de acoso sexual.

Según *Le Parisien*, el caso DSK iniciales por las que se conoce en Francia al ex director general del Fondo Monetario Internacional (FMI), Dominique Strauss-Kahn, acusado en EU de graves delitos sexuales, fue "el detonante" para esas dos mujeres. En su denuncia, Eloïse, de 36 años, y Laura, de 34, aseguran que sufrieron "verdaderos acosos sexuales" que les llevaron a la depresión y a pensar en el suicidio, informó su abogado, Gilbert Collard, al rotativo. Las dos ex empleadas dijeron a la emisora France Info no conocerse personalmente, pues trabajaron en diferentes periodos en la alcaldía, entre 2007 y 2010, pero denuncian los mismos "gestos desplazados" de su jefe al poco tiempo de empezar a trabajar para él. Georges Tron, secretario de Estado desde la remodelación gubernamental de marzo de 2010, niega rotundamente las acusaciones y asegura ser víctima de un complot para intentar acabar con su carrera política, informó France Info.[65]

Perspectiva.

Los dos casos hablan de violación, dejando un trauma de vulnerabilidad que requiere atención profesional para superarlo. El hecho de que Marcela (en el primer caso) no gritó ni se movió para pedir auxilio no fue un acto de cobardía o falta de valor, como ella lo interpreta. Más que nada fue una falta de preparación para saber cómo reaccionar ante tales actos o intenciones. En el segundo reporte se describe un perfil típico de esos agresores que ni siquiera tienen que usar la fuerza física, por lo menos no al principio, ya que trabajan más los elementos de sorpresa, la inseguridad, el miedo, la pena y la confusión de sus víctimas.

Peatonal

44. Parado atrás de un vehículo

Circunstancia

Niño distraído se detiene atrás de un carro encendido.

» ¿Qué debe hacerse al momento de descubrir que el carro esta encendido, especialmente si se prenden las luces de reversa?
» ¿Qué posibilidades hay de que el niño no se dé cuenta de que el chofer enciende el motor del coche si el pequeño está: (1) escuchando música con sus audífonos; (2) hablando con otra persona; (3) se concentra en el tráfico para buscar una oportunidad de cruzar la calle; o (4) está parado o sentado por cansancio?
» ¿Cuál será el peligro si se sienta sobre la banqueta en un espacio libre de estacionamiento?
» ¿Qué tan seguro es pasar atrás de un vehículo o camión estacionado, pero con el motor encendido? Y ¿si fuera adelante de un camión grande?
» ¿Cómo debe cruzarse la entrada abierta de un estacionamiento?

BASE DE CONOCIMIENTO

Realidad.

Las lesiones y muertes causadas por los vehículos que retroceden o salen de las entradas de las casas o de los estacionamientos ocurren cuando personas se colocan detrás de ellos sin que el conductor lo sepa o se dé cuenta. Así le ocurrió a Silvana, que fue a casa de su mamá: en la calle había muchos niños jugando, unos futbol, otros corriendo. Dejó el carro estacionado en la calle. En casa comenzaron a dividirse las labores para terminar rápido y comer. Decidieron que Silvana iría a hacer las compras al súper, así que subió al carro mientras esperaba a que le llevaran dinero. De pronto encendió el carro y se echó de reversa sin darse cuenta que una niña estaba parada detrás del carro. Se escuchó un golpe fuerte. Unos vecinos le chiflaron para que se detuviera y no llegara a mayores. Cuando bajó del vehículo para saber qué pasaba, la niña estaba tirada y con un poco de sangre en la cabeza. Afortunadamente sólo fue el susto y el golpe.[66]

Perspectiva.

Por ley, entre los derechos y obligaciones del chofer y el peatón la responsabilidad recae en el primero. Pero en el sentido práctico de la vida, no es cuestión de buscar culpables, sino evitar una situación que ponga en peligro a alguien, por lo que la niña debe saber que no debe pararse atrás de un coche confiando en que no hay nadie dentro o que cuando llegue el chofer la verá. Hay varias formas en las que una persona puede accidentarse al situarse detrás de un coche, sin importar el tipo de coche, la supuesta visibilidad del chofer o la estatura de la persona parada; el riesgo no vale la pena frente a la comodidad de estar allí.

45. Jugando en la calle

Circunstancia

Niños jugando en la calle cuando un vehículo se acerca.

- » ¿Cómo se previene un accidente si no hay otro lugar para jugar y el tráfico es leve?
- » Si se nota a distancia que el coche se acerca y uno está por obtener los puntos decisivos del juego, ¿a qué hay que darle más importancia?
- » Si te sientes con ganas de hacerte a un lado para dar paso al vehículo, pero los demás participantes desean seguir jugando hasta que el vehículo se acerque más, ¿qué debes hacer? Y ¿qué se hace cuando de plano uno se siente distraído ante la preocupación de un posible accidente al jugar en esa área?
- » ¿Qué se hace si el vehículo llega a pegarle a algunos de los participantes y el daño es leve? ¿Y si los jugadores llegan a lastimar un tercero, dañar una tienda o un vehículo, o hasta causar un accidente (por ejemplo cuando la pelota le pega a un vehículo en movimiento, provocando que se desvíe del camino y lesione a otras personas)?
- » Entre la calle y las banquetas, ¿qué es considerado un área segura y juegos seguros para evitar accidentes a personas y a propiedades ajenas?

BASE DE CONOCIMIENTO

Realidad.

Atropellado por un vehículo mientras jugaba en una calle, falleció un niño en la colonia Torocagua de Comayagüela. El conductor fue detenido y puesto a la orden de la Fiscalía. El accidente ocurrió a las 8:00 de la noche en la sexta calle de dicha colonia. El menor Yoshuá Emmanuel Cruz Sánchez, de 10 años, jugaba con unos amigos en la vía pública y al tratar de cruzar la calle fue arrollado por una camioneta. El infortunado expiró al instante, mientras que el conductor, de nombre Orlando Noé Sosa Padilla, fue detenido por la policía y presentado ante el juzgado competente. El cadáver fue reconocido a las 8:30 de la noche por empleados del Ministerio Público y la Dirección Nacional de Investigación Criminal (DNIC) y trasladado a la morgue de Medicina Forense.[67]

Perspectiva.

La vialidad, sea central, lateral o en una zona cerrada, es el terreno de los vehículos. Con toda la tentación que existe de estar jugando cerca de la casa, y más
cuando no hay mucho tráfico, sigue siendo el dominio de los vehículos. Así como
los niños confían en el espacio libre, los choferes también. E incluso si manejan despacio cualquier golpe de un vehículo en movimiento contra una persona
—más aún si se trata de un niño—, probablemente le causará graves estragos. Al
no disponer de otro sitio para jugar, es recomendable hacerlo frente a la presencia
de un adulto, quien puede advertir de la proximidad de los autos, y si es posible
poner ciertos señalamientos temporales para los choferes. Recuerde: el juego
puede ser interrumpido infinidad de veces; la vida, una sola vez.

46. Cruzar la calle: Visibilidad

Circunstancia

Un chofer frena inesperadamente debido a que un niño atraviesa la calle después de salir frente a un coche estacionado.

» ¿En la precaución de salir a la calle entre vehículos estacionados prevalecen factores como la estatura del niño; la altura de los vehículos estacionados; el número de vehículos estacionados; el tipo de vehículos que se acercan; la distancia del semáforo o del vehículos más cercano?

» ¿La posibilidad de evitar un accidente depende del peatón, del chofer, o del modelo del coche? ¿A quién le va a costar más el accidente?

» Si se llega a salir del incidente sin daño, ¿cómo hay que reaccionar hacia el chofer?

» ¿Cómo debemos cruzar la calle cuando hay prisa?

» ¿Cuál es la diferencia entre salir de un coche del lado de la calle o hacerlo entre vehículos estacionados?

BASE DE CONOCIMIENTO

Realidad.

Un accidente de tránsito, donde se vio implicado un niño de 11 años, ocurrió cerca de las 20:00 horas en la intersección de Moreno y Maroni, informaron fuentes policiales. Un utilitario Peugeot Bóxer transitaba por Maroni cuando intempestivamente un menor de 11 años intentó cruzar la calle. El conductor, identificado como Enrique Dangelo, no advirtió la acción del menor porque su visibilidad estaba disminuida por un camión estacionado. El niño, de apellido Cornalia, fue trasladado al hospital con una fractura expuesta de tibia y peroné, según se constató desde la Dirección de Tránsito. El camión estaba bien estacionado porque se hallaba dentro del perímetro permitido para hacerlo según la ordenanza municipal.[68]

Perspectiva.

En ocasiones pensamos que la persona a la que pudiera responsabilizarse de un accidente es quien debe tener más cuidado para evitarlo. Sin embargo, el sentido de un accidente es la falta de prevención de quien puede prevenirlo. Hay que medirlo con base en el riesgo potencial. En caso de un accidente en el que estén implicados un vehículo y una persona, ésta siempre saldrá lastimada, aunque el vehículo transite despacio. Quien da prioridad a preservar la vida más que la razón deberá tomar las precauciones necesarias.

47. Cruzar la calle: Ansiedad

Circunstancia

Un niño queda pasmado a la mitad de la calle al intentar cruzarla.

» ¿Cómo se evalúa el riesgo de cruzar una calle?
» ¿Qué hacer si es casi imposible, pero necesario, cruzarla?
» ¿Qué hacer si uno se queda atorado a la mitad de calle, con mucho tráfico por atrás y delante nuestro?
» ¿Qué tanto hay que arriesgarse a cruzar una calle relativamente tranquila si a corta distancia hay un paso peatonal o un puente, tomando en consideración el tiempo, el esfuerzo y quizá pasar por una zona menos agradable para tomar ese camino alternativo?
» Cuando se cruza una calle ¿cómo hay que reaccionar ante choferes que tocan el claxon, gritan e insultan?

BASE DE CONOCIMIENTO

Realidad.

Un menor de nueve años murió al ser atropellado. El accidente se produjo cuando el niño, Christian Perrote Evangelista, cruzó la carretera de Laza y fue atropellado en las inmediaciones de la casa de su abuela por un autobús de turismo que circulaba en dirección al centro de Támega. El menor se encontraba en los alrededores de un conocido restaurante de la zona con otro niño. Según indicaron los vecinos, cruzó la carretera para preguntarle a su abuela si podía ir a jugar al parque con otros amigos, pero al regresar al lugar de origen volvió a cruzar por el mismo sitio y se produjo el fatal desenlace; el vehículo golpeó al menor, que falleció en el acto. Según indicaron testigos presenciales, tras el accidente tres personas corrieron hasta el lugar de los hechos y después de comprobar las nefastas consecuencias alertaron a los vecinos, mediante gritos, para que se pusieran en contacto con los servicios de urgencias.[69]

Perspectiva.

De nuevo, la responsabilidad principal recae en el chofer del vehículo. Sin embargo, en cuanto a la perspectiva de los niños hay que enfatizar cómo un ambiente puede cambiar de un instante a otro, no siempre para bien. El niño en este caso confió en que la calle estaba vacía, como lo vio momentos antes, por lo que se atrevió a cruzarla con ciega confianza. Es decir, tomó en cuenta todas las variables de peligro, y por una que se ignoró le costó la vida.

48. Cruzar la calle: Respeto al señalamiento

Circunstancia

Un adulto y un niño van de la mano cruzando la calle, ignorando el semáforo peatonal.

> » ¿Cuál es la importancia de los señalamientos para adultos y niños?
> » ¿Qué precauciones deben tomarse, aun cuando hay oportunidad de pasar?
> » ¿Qué tanto vale la pena arriesgarse cuando hay prisa?
> » ¿Qué hacer cuando no hay semáforo, no sirve o se encuentra a gran distancia?
> » ¿Qué hacer cuando no hay semáforo y te da miedo cruzar el puente?

BASE DE CONOCIMIENTO

Realidad.

El hecho ocurrió en la intersección de las calles Almirante Brown y Rondeau, aproximadamente a las 18:30 horas. Un automóvil, que circulaba por la calle Rondeau hacia el Cardinal Sur, colisionó a un menor, de 11 años, que cruzó la calle al paso del auto, mencionó el jefe de la comisaría cuarta, Marcelo Campin. El niño fue trasladado al hospital San Roque, "con heridas de consideración, excoriaciones y traumatismo de cráneo con heridas cortantes", puntualizó el funcionario policial, quien agregó que "quedó internado bajo observación". Hizo hincapié en que el vehículo "chocó de frente" al menor, el cual "quedó debajo del mismo". Con la colaboración de los vecinos pudo ser levantado el rodado para sacar al niño. De acuerdo con las averiguaciones que pudieron ser establecidas en el lugar, Campin indicó que **el auto "circulaba a baja velocidad y el semáforo estaba en verde"**.[70]

Perspectiva.

Quizá el niño tenía la edad suficiente para saber cómo se debe cruzar la calle, pero no tuvo la madurez para apreciar el riesgo de sus decisiones. Esto hay que tomarlo en cuenta sobre cualquier responsabilidad, tarea o "libertad" delegada al niño para realizarla el solo, ya que existe el peligro de poner su vida en riesgo. Aunque el niño se comprometa a tener cuidado y a respetar la reglas, y asegure que ya es capaz o suficientemente maduro para llevarlo a cabo, es importante otorgarle la confianza en forma paulatina, basándose en lo que realmente demuestra mediante sus habilidades, sentido común, iniciativa, reacción ante un imprevisto y su sentido de responsabilidad.

49. Cruzar la calle: Cargando cosas y/o con niños

Circunstancias

Una mamá lleva a uno de sus hijos de la mano, y al otro lo traslada en una carriola mientras bajan de la banqueta entre vehículos estacionados. La mamá va caminando de espaldas, fijándose que no pasen coches antes que el niño y la carriola lleguen a la vialidad.

Una señora camina en el estacionamiento de un centro comercial en forma apurada y con muchas bolsas en una mano, y en la otra agarrando a una niña pequeña que trata de alcanzar los pasos de la señora.

> » ¿Cuál es el riesgo si la mamá pasa la carriola de frente?
> » ¿Cuál es el riesgo si se pide al niño ir adelante para checar y señalar o parar el tráfico?
> » Si necesariamente hay que pasar por vehículos estacionados y tenemos muchas cosas en la mano que estorban nuestro paso y visibilidad, ¿cómo se debe cruzar con más seguridad?
> » Considerando las cosas que traemos en las manos y los niños que nos acompañan, ¿qué hay que hacer si uno de los coches estacionados al lado prende el motor y no nos ve por el espejo?
> » ¿Qué tanto hay que arriesgarse para cruzar la calle si de frente también hay vehículos estacionados y otras cosas bloqueando el paso?

BASE DE CONOCIMIENTO

Realidad.

El chofer decidió cambiar su recorrido habitual y desviarse por esa última calle, aparentemente porque la zona estaba muy congestionada. Cuando dobló en una esquina, el colectivo, tras realizar una mala maniobra, atropelló a una mujer de unos 35 años que cruzaba la calle con su beba de cuatro meses en brazos y llevaba de la mano a su hijo de cinco años. A raíz del impacto, el niño murió en el lugar, mientras que la mujer y la beba resultaron heridas, dijeron las fuentes. "El cuadro fue tremendo: la madre herida quedó sobre su beba dándole protección y a unos metros estaba el niño muerto", detalló uno de los policías que trabajaron en el lugar del hecho.[71]

Perspectiva.

Estar al pendiente de tantas cosas a la vez no es un excusa para la mamá de ser tan indiferente ante el riesgo. Cierto que le ganó la angustia y el cansancio, intentando controlar y cargar a sus hijos, así como enfrentar el tráfico, pero debió hacer un esfuerzo adicional para cuidarlos mejor. El resultado de este evento fue producto de tratar de ahorrar tiempo y energía al no cruzar la calle en el lugar y forma adecuados.

50. Situaciones de desastre

Circunstancias

Gente (niños, adultos, personas discapacitadas y adultos mayores) en la calle, angustiada al sentir que está temblando.

» ¿Dónde y cómo hay que ponerse a salvo cuando el temblor (o cualquier otra situación desastrosa) nos agarra en la calle, considerando el tráfico vehicular y de gente?

» ¿En qué momento hay que dejar nuestro lugar seguro para salir y apoyar a otras personas?

» ¿Qué hay que hacer si estás viendo de cerca los edificios moviéndose?

» ¿Qué hacer si empiezan a caerse piezas de los edificios, estamos en un lugar donde no se puede caer nada encima, pero hay posibilidad de que se bloquee la salida?

» Cuando finaliza el temblor nos damos cuenta de que estamos lastimados, sangrando. ¿Qué debemos hacer en ese momento?

Sin ninguna preparación, de repente la gente se da cuenta de que en el lugar donde está se presenta un peligro inminente.

» ¿Cómo reconocer si una alerta corresponde a un sismo, tsunami, tornado, volcán, deslave de tierra, tempestad, u otro tipo, tal como incendio, fuga de gas o tiroteo o balacera?

» ¿Qué tanto caso hacer si se entera del peligro inminente por:
   a) Un amigo o familiar
   b) Una persona que normalmente hace bromas
   c) Otros pedestres
   d) Los noticiarios en radio o televisión?

» ¿Qué hacer en primera instancia al ver a otras personas en estado de pánico estando en la calle, en la casa, en la escuela, en un centro comercial, en la playa o alberca, o en un antro?

» ¿Qué hacer en caso de no poder localizar a los familiares?

» ¿Qué hacer si uno se siente atrapado o al ver otra persona atrapada?

BASE DE CONOCIMIENTO

Realidad.

Aun así, el terremoto desató el caos. "Fue algo muy aparatoso; duró más de dos minutos. Después cortaron la energía eléctrica; no había agua ni luz, comenzó a nevar y se desató la histeria colectiva". Así lo narró Adriana Ledezma Estrada. El terremoto la sorprendió en el comedor universitario, cuyas paredes de cristal se vinieron abajo con el movimiento telúrico. Tras el sismo se trasladó al edificio de su facultad, pero no pudo entrar porque se derrumbó una montaña tras de él y por seguridad el personal de la escuela lo impidió. Luego empezó a nevar y la gente trató de salir del área básicamente en coches, lo que se complicó porque las autoridades cortaron la luz por seguridad. Eso fue lo que complicó mucho la situación del tsunami, pues la gente trataba de salir en coche, pero no había semáforos y se produjo un tráfico enorme.[72]

Realidad.

Un hombre armado con una escopeta abrió fuego en un concurrido centro comercial en los suburbios de Baltimore, donde mató a dos empleados de una tienda de patinetas y luego a sí mismo, mientras los despavoridos compradores corrían en busca de refugio. Otras cinco personas resultaron heridas. Los testigos relataron que escucharon disparos y gritos mientras los compradores, aterrorizados, se agazapaban en las tiendas y se ocultaban tras puertas cerradas. Muchos hallaron refugio en bodegas y se atrincheraron hasta que llegó la policía, que recorrió tienda por tienda. Alguien llamó a los servicios de urgencia alrededor de las 11:15 horas para reportar disparos en el centro comercial. La policía acudió al lugar en menos de dos minutos y encontró a tres personas muertas, incluido el presunto atacante, junto a un arma y municiones, dentro y fuera de la tienda. Joan Harding estaba de compras en el lugar junto con su esposo, David, en busca de una tiara para el cumpleaños 18 de su nieta. Dijo que escuchó caer algo pesado, seguido por disparos y gente corriendo. "Mi esposo dijo: '¡Al suelo!', y la muchacha de la tienda nos dijo que fuésemos a la parte trasera", señaló Harding. "Y allí nos escondimos hasta que llegó la policía".[73]

Realidad.

La tarde del 20 de junio de 2008 la Ciudad de México se tiñó de negro luego de que un fallido operativo en un centro de diversión dejara un saldo de doce muertos y varios heridos. Ese día, personal de la Secretaría de Seguridad Pública (SSP) y de la Procuraduría General de Justicia del Distrito Federal (PGJDF) irrumpieron en la discoteca New's Divine, situada en un barrio popular del oriente de la ciudad, como parte de un operativo para impedir la venta de bebidas alcohólicas y drogas a menores de edad. Los policías capitalinos intentaron sacar de forma masiva a los jóvenes que se encontraban al interior del establecimiento, mientras otros obstruían el paso en la puerta principal. El saldo: nueve jóvenes, entre ellos cuatro menores, y tres policías muertos por asfixia tras quedar atrapados entre el tumulto.[74]

Perspectiva.

El impacto del temblor debilita tanto la integridad física de nuestros alrededores (incluso las estructuras más fuertes y el mismo concreto que pisamos) como la integridad mental de la gente. Es difícil percibir la reacción de los objetos y de cómo actúa cada persona en esos momentos y los que siguen. Debido al impacto, una estructura dañada puede caer horas o días después del temblor, y los daños críticos no siempre son visibles. También es difícil apreciar la reacción de la gente, ya que algunos aprovechan el caos para causar daño a propiedades y lastimar a las demás personas, mientras otros, por el susto, actúan en forma radical, al grado de ignorar el peligro al que exponen a otros individuos. En tanto el orden no sea restablecido hay que estar alerta.

Sea en lugares abiertos o cerrados, tanto un desastre natural como cualquier situación que ponga en estado de pánico a otras personas, representa gran peligro para el individuo, aunque éste mantenga la calma. Mientras se advierte la existencia de un peligro hasta el entendimiento de qué se trata y cuál es su origen, se pierde un tiempo valioso. Por lo tanto es mejor hablar con los hijos sobre varios escenarios, que incluyan diferentes lugares y fuentes de peligro, y establecer varias posibilidades de cómo se debe actuar y cómo decidir qué hacer, repasando paso a paso la manera en que la situación se desarrolla, desde la sorpresa, la confusión, el caos, y analizar las opciones viables a seguir hasta que uno se encuentre fuera de peligro.

En la escuela

51. Bullying *o acoso escolar*

Circunstancias

Un adolescente es empujado por sus compañeros de clase en el pasillo.

» ¿Qué tan agresivos debemos ser para zafarnos de una situación en la que nos sentimos atrapados?
» ¿Cómo trabajar la proyección de una persona con seguridad?
» ¿Qué hacer cuando en un ambiente coinciden personas agresivas para prevenir situaciones de abuso?
» ¿Cómo superar el sentimiento de debilidad, la frustración, el enojo y el miedo?
» ¿Cómo volver a enfrentar el posible reencuentro con los agresores?

Un joven reúne a sus amigos para reírse de un niño.

» ¿A partir de qué momento el "cotorreo" se convierte en abuso?
» Qué tan aceptable sería reír si:
   a) El otro niño empieza a llorar
   b) La situación se convierte en empujones, amenazas o golpes
   c) Si el otro niño también esta riendo
   d) Si todos se ríen de todos
   e) La risa tiene que ver con algún insulto sobre sus:
   - Rasgos físicos
   - Clase social
   - El trabajo de su papá o mamá
   - Alguna enfermedad
   - Una discapacidad
   - Calificaciones

- Familia
- Dificultad para hacer deporte.

» Si todos ríen por un motivo que no debería ser causa de burla ¿qué hay que hacer?

» ¿Qué impacto emocional y social provocan las siguientes agresiones a una víctima:

a) Encerrarla en el baño
b) Meter su cabeza en el inodoro
c) Encerrarla en el locker
d) Quitarle los pantalones en público
e) Esconder su ropa en los vestidores
f) Quitarle su comida
g) Robarle su dinero
h) Meterla en un bote o tanque de basura
i) Distraerla durante la clase
j) Crear falsos rumores
k) Recoger sus artículos escolares
l) Obligarla a hacer las tareas escolares de otros o a revelar las respuestas en un examen
m) Empujarla y retarla a golpes?

» ¿Qué hacer cuando uno sabe que al negarse a practicarlo con los demás se convertirá en una víctima de los mismos abusos?

BASE DE CONOCIMIENTO

Realidad.

Durante dos años y medio Angelina, niña mixteca de 16 años, ha sufrido acoso, discriminación y maltrato por su ascendencia indígena por parte de alumnos y maestros en la escuela secundaria. Agresiones que esta semana vieron su mayor nivel cuando fue golpeada por compañeros de clase. Durante el tiempo que lleva cursan en esta escuela, ella ha dado una férrea resistencia por defender sus orígenes. Fue el jueves pasado, durante el cambio de clases, cuando fue agredida por sus compañeros de salón, quienes la sorprendieron por la espalda, la "encapucharon" y le dieron "pamba". Luego, a pesar de que Angelina trató de defenderse, la superioridad física de su contrincante y la presión emocional al escuchar los gritos de sus demás compañeros apoyando a su agresora, terminaron por sucumbirla.

Amigas de la agresora grabaron la golpiza y posteriormente la subieron a las redes sociales para humillar aún más a la joven. La primera omisión fue por parte de los maestros de la mencionada escuela, pues cuando denunció los hechos sólo se limitaron a citar a los padres de familia de los menores involucrados y hacerles una reprimenda verbal. Ahí quedó el problema para ellos, sostuvo la chica agraviada. "Los maestros sólo me llevaron a la orientación y mandaron a llamar a mi mamá y a la mamá de la otra. A mi mamá le dijeron que me llevaran (al doctor) y que me curaran y ya", agregó. Los daños físicos que sufrió fueron el rostro surcado por rasguños, el cuello lastimado por "jalones de pelo" y el labio inferior roto por una última patada que le dio su joven agresora cuando intentaba incorporarse del suelo.

Acompañada por su mamá, quien no domina el español, y por su tía de la misma etnia, y quien fungió como tutora, fueron a presentar la denuncia ante la autoridad. Sin embargo, en la Agencia Central de Investigación de la Procuraduría General de Justicia del Distrito Federal (PGJDF) le dijeron que no podían hacer nada porque se trataba de una adolescente. Al trasladarse a la Agencia 59 del Menor le dijeron que si levantaban el acta correspondiente la niña se tenía que quedar bajo la custodia de las autoridades. La intimidación del MP a la mujer para que no iniciara la denuncia surtió efecto: por temor se retiraron, con la impotencia de no poderse defender de alguna manera de la discriminación y violencia que la chica sufre sólo por pertenecer a una comunidad indígena. Familiares de Angelina señalaron que no es la primera ocasión que sufre de agresiones por ser indígena. Inclusive, esto ya había sido denunciado ante las autoridades de la escuela. "Hemos metido muchas quejas; en varias ocasiones hemos ido a la escuela mi mamá y yo, que soy su primo, y nada más son promesas de que se va a solucionar, de que todo se va a arreglar, de que se van a tomar medidas, pero realmente no vemos solución. Son varios los problemas cuando llaman de la escuela y nos dicen que ya le cortaron su mochila, que ya la metieron al baño y la orinaron. Todo ese tipo de cosas han pasado con ella; la insultan constantemente por ser indígena", explicó el primo de Angelina. Con férrea voluntad, la menor confió en subir sus calificaciones, que en principio eran de 9.8 y que durante el segundo año disminuyeron a un promedio de 8.1, como resultado del acoso y los traumas que le han ocasionado las agresiones de sus compañeros. Aun así, Angelina dijo que seguirá esforzándose para lograr buenas calificaciones y que regresará a la secundaria para después ingresar a la preparatoria, pues su objetivo es titularse como médico cirujano.[75]

Perspectiva.

El *bullying* es un acoso mental, físico y en ocasiones también sexual, muy común en ambientes académicos y laborales de toda edad; es decir, más común, pero no exclusivo entre jóvenes. "El *bully*" (el agresor) siempre encuentra un pretexto para agredir a su víctima, ya sea por sus rasgos físicos, religión, clase social o por alguna otra característica que lo diferencia de los demás. Entre más evidente sea la "irregularidad" más tentativo será el blanco. Además, la víctima normalmente es una persona marginada socialmente y débil físicamente.

El caso de Angelina contiene muchos de los elementos típicos que representan el sufrimiento experimentado por el *bullying*, empezando por el racismo de los adolescentes y seguido por la ignorancia de las autoridades. La excepción en esa historia es Angelina, por su vigor al enfrentar a sus agresores y defenderse, a pesar de que salió lastimada físicamente, pero no moralmente. De hecho, al parecer cada vez regresó con mayor convicción para superar esa terrible etapa de su vida, con el fin de convertirse en una persona productiva en la sociedad.

A simple vista parece que su familia ha hecho todo lo que está a su alcance para apoyarla de manera decente y respetuosa ante las autoridades. Sin embargo, la historia también sugiere que los abusos tienen un antecedente de por lo menos dos años, y luego, una vez que los familiares intervinieron y mientras intentaban arreglar esta situación Angelina siguió yendo al mismo ambiente hostil sin que hubiese solución siendo incluso víctima de mayores agresiones potenciales como un acto de venganza.

Un carácter como el de Angelina merece admiración. Sin embargo, a pesar de su férreo sentido de convicción es responsabilidad de sus familiares adultos reconocer las implicaciones de la situación en la víctima y qué soluciones reales existen para detener el acoso, en lugar de sólo ejercer tolerancia al sufrimiento. Cuando el nivel de agresión no pasa de una molestia (como ser sujetos de gritos e insultos de vez en cuando), pero después se convierte en una amenaza física en la cual queda claro que la víctima no es capaz de enfrentarla de manera exitosa, como primer paso hay que alejar a la persona afectada del ambiente hostil y después decidir si regresa, siempre y cuando haya garantías para su seguridad.

La capacidad de socializar es sumamente importante para el desarrollo del niño, lo cual debe sumarse de manera sana y equilibrada a los esfuerzos académicos. De lo contrario, el acoso se hará presente en otras etapas en su vida, incluso en el ambiente laboral, y será un obstáculo para ascender en el trabajo. La socialización no debería ser a toda costa, y efectivamente hay ambientes en los que la discriminación permea. Ese es otro aspecto a ser identificado para buscar ámbitos que ofrezcan mayores oportunidades de desarrollo, y en caso de que se decida seguir en lo mismo por lo menos que haya una clara conciencia tanto de los retos como de los riesgos y una buena justificación para insistir en quedarse allí. Sin embargo, no es adecuado que una persona joven asuma esas convicciones sin la guía y red de protección de un mayor.

52. Provocación a pelear

Circunstancia

Un grupo de niños provocan pleito.

> » ¿Cuáles son los motivos de provocación entre niños?
> » ¿Cómo detectar que la agresión verbal va a convertirse en agresión física?
> » ¿Cuál es el momento, la forma y el asunto oportunos para acusar a alguien ante una autoridad? ¿Cuáles son las autoridades adecuadas para dirigir una reclamación?
> » ¿Habrá diferencia entre enfrentar a una, dos o más personas en el momento de la agresión verbal?
> » ¿Cómo reaccionar cuando te rodean?

BASE DE CONOCIMIENTO

Realidad.

Aldo García, buen estudiante, querido por gran parte de sus compañeros, comenzó a bromear con un grupito de amigos. Un día estas bromas se salieron de control y uno de ellos lo llamó a su casa con una amenaza más seria: "Mañana te pego en el colegio". El niño, muy asustado, no les comentó nada a sus padres; sólo se presentó a la escuela con miedo. Al concluir las clases salió de prisa para no encontrarse con ese compañero, pero se llevó una gran sorpresa, pues ya lo esperaba un grupito de niños, quienes comenzaron a insultarlo y a golpearlo.[76]

Perspectiva.

El hecho de que Aldo no acudiera a sus papás fue un error. Peor todavía es la relación con ellos, que no generó la confianza y los incentivos adecuados para pedirles apoyo y guía. No es suficiente decir repetidamente "cuenta conmigo" o "cualquier cosa que necesites sabes que me puedes decir". La evasión del niño es producto de una serie de experiencias con sus papás que le demostraron que no es benéfico acercarse a ellos. Las razones pueden variar: sentir que van a ignorarlo; desestimar su preocupación; motivarlo a que tome una acción con la

140

que él no esté de acuerdo o que no se sienta preparado para hacerla bien, o que la reacción de sus papás sea exagerada e inadecuada, desde el punto de vista del niño.

Al encontrarnos con una actitud agresiva hay que estar conscientes de que en cualquier momento puede escalar, y que no habrá límites, reglas o formas de prevenir el grado de las siguientes agresiones.

53. Provocación a delinquir

Circunstancia

Un grupo de niños incita a un compañero a robar un artículo de la tienda.

- » ¿Qué es un robo?
- » ¿Habrá diferencia para la persona que extravió un artículo si la pérdida es de un valor considerable o pequeño (valor económico, tamaño, diseño)?
- » ¿Habrá diferencia entre robar o prestar sin permiso un artículo o dinero?
- » ¿Qué hacer cuando unos niños te piden hacer algo incorrecto o que tengas la sospecha de que está mal (no solamente con relación a un robo)?
- » ¿Qué hacer cuando posteriormente te sientes culpable o arrepentido? ¿Cómo tener el valor de asumir las consecuencias?

BASE DE CONOCIMIENTO

Realidad.

Arturo es muy tímido y se le dificulta relacionarse con niños de su edad. Es por ello que no tiene amigos. Todas las tardes va al parque que está frente a su casa. Un día se le acercó un grupo de niños para pedirle que se sumara a su banda. Arturo se sintió sorprendido y feliz de que por primera vez alguien se le acercara para pedirle ser su amigo y sobre todo pertenecer a su banda, pero esos niños no querían su amistad sincera. Arturo preguntó que a cambio de qué podía ser su amigo, a lo que ellos respondieron: "Para ser amigo de nosotros debes pasar las pruebas que te vamos a poner". Con tal de tener amigos, Arturo accedió. "Primera prueba —dijo uno de ellos—: Vamos a ir a un centro comercial y en la bolsa que te vamos a dar debes robarte refrescos para todos. Nosotros te vamos a estar vigilando para que lo hagas bien". Arturo lo hizo, pero fue visto por un guardia de seguridad. Incluso ya había sido amenazado de que si lo llegaban a descubrir no tenía por qué delatarlos.[77]

Realidad.

Dos personas han muerto por culpa de un peligroso juego que se está poniendo de moda en Estados Unidos, el "knockout" (K.O.), por el que se ataca por sorpresa a un desconocido en la calle propinándole un violento golpe en la cara. Los gamberros que se dedican a hacer esto, normalmente adolescentes, eligen a la víctima al azar, es decir, no tienen nada que ver con ella, y cuando va caminando por la calle la golpean por la espalda o de manera que no se lo espere y por tanto no pueda defenderse. Los medios estadounidenses han alertado de este peligroso juego que se viene dando, según ellos, cada vez con más frecuencia en las calles y que, al parecer, ha causado ya dos muertes. Pero también hay muchos más que simplemente han resultado heridos por este peligroso juego que, según los que lo practican, es "por diversión".[78]

Perspectiva.

La evaluación de la red social del niño o del adolescente no debe basarse en el número de amigos que tiene, pero sí en (1) su idea de cómo los demás lo están percibiendo en el ámbito social; (2) sus intereses o metas en el sentido social, (3) su forma de socializar, y (4) el rendimiento de su esfuerzo para socializar. Antes que los hijos tengan una perspectiva honesta y cómoda sobre su mundo, los papás deben conocer y aceptar la realidad sobre la vida social de sus hijos. No basta con decir: "A tu edad también tuve problemas", o complementarlo con que es una persona increíble, cuando en realidad tiene pocos amigos, o su estatus social no es lo que él o ella desean. No es adecuado ignorar los problemas porque son comunes o expresar sólo cariño y palabras de motivación. Lo que los niños en primer lugar necesitan es que sus papás reconozcan sin mayor explicación sus dificultades, y luego que les den una guía práctica que rinda resultados, con base en el sentido de seguridad, comodidad y felicidad. Obviamente si los objetivos del niño no son sanos, de tal forma que a largo plazo lo perjudicarán, hay que apoyarlo a encontrar una alternativa que conserve esos tres elementos.

En el segundo caso ya se trata de adolescentes. Lo que están haciendo es más que un juego, un acto de barbarie, al grado de cometer un delito, de lesionar gente completamente ajena e inocente sin ningún otro motivo que verlos sufrir. Es mucho más que hacer algo para incrementar la adrenalina, una profunda falta de valores que viene desde mucho antes en la formación del niño al faltar al respeto a otra gente y desarrollar el gusto por ver a otras personas sufrir, sean cercanas o extrañas, incluso por televisión.

54. *Provocación con burlas y aislamiento:*

Circunstancia

Una niña se encuentra en el jardín de la escuela, víctima de burlas por parte de un grupo de niñas, mientras que a cierta distancia se encuentra un niño solo sentado y muchos niños al fondo jugando.

» ¿Qué forma de aislamientos existen?
» ¿Cómo se puede socializar con otros compañeros si llegan a conocerte por primera vez o que tienen una falsa o mala opinión de ti?
» ¿Cómo hay que reaccionar ante una burla?
» ¿Cómo alejarse de una provocación?
» ¿Cómo se detecta a las buenas personas?

BASE DE CONOCIMIENTO

Realidad.

Es posible que su hijo tenga problemas en el colegio, pero no con las materias escolares, sino con sus propios compañeros. Tal es el caso de Juanito González, cuya serie de problemas o abatimiento cada vez que tiene que volver al colegio tienen que ver con lo que experimenta dentro y fuera del salón de clases. Para este niño ha sido muy difícil la convivencia: "Me hacen burla, me jalan del suéter y de los cabellos; me empujan, me quitan mi comida, me dicen tonto", comenta. [79]

Realidad.

Andrés se siente aislado y en cierto modo apartado del grupo de su clase. Así como él, en muchas aulas de los colegios se encuentran niños y niñas por distintas razones (timidez, agresión, gustos y aficiones diferentes a los de sus compañeros, etcétera). A la hora del receso este niño siempre está solo en un rincón, mientras ve cómo otros compañeritos juegan y se divierten. Nunca ha podido ser aceptado por su timidez. Siempre ha sido la burla de sus compañeros por no tener amigos. [80]

Perspectiva.

Los dos casos tienen que ver con la capacidad del niño para integrarse socialmente. El primer caso presenta la necesidad de enseñar cómo defenderse y enfrentar a los demás cuando surge una provocación, mientras que en el segundo hay que enfocarse en la toma de iniciativa y la forma de acercarse, así como detectar con quién hacerlo. En ambos casos hay que mantener y proteger la identidad del niño para no darle la impresión equivocada de que hay que socializar con quien sea y hacer todo lo posible para ser populares o tener por lo menos un amigo, al buscar a alguien que se identifique con sus problemas. A largo plazo las tres posibilidades serán contraproducentes para el niño.

55. *Provocación por conducta indecente*

Circunstancia

La niña expresa una cara de angustia por encontrarse sola en el salón de clases con el profesor.

> » ¿Qué es una interacción inadecuada y/o abusiva, entre un adulto y un niño o niña?
> » ¿En qué momento nos percatamos de que el comportamiento de la figura de autoridad es malintencionado?
> » ¿Qué hacer cuando un niño se siente acorralado?
> » ¿Cómo rechazar con un tono de seguridad el acercamiento del adulto?
> » ¿En qué momento, cómo y a quien pedir ayuda?

BASE DE CONOCIMIENTO

Realidad.

Ningún niño debe ser víctima de violencia. En el aula resulta muy común ser víctima de sus maestros. Tal es el caso de Pablito, quien destacó: "La maestra me habla feo, me dice niño tonto, me pegó. Con los demás niños se porta mal". Este niño vivió con miedo durante más de un año. "Nunca lo dije porque creo que la maestra va a decir mentiras y voy a ir a la cárcel", señaló.[81]

Perspectiva.

El miedo que sintió el niño, más que un trauma, sobre el trato con el maestro, llega a distorsionar la interpretación que tiene acerca de lo que un maestro, una figura autoritaria, y el sistema educativo representan. Además, se pierde la confianza en la gente cercana, particularmente su familia, al no detectar y protegerlo de esas agresiones, sin que él tenga la necesidad de explicar lo que le está pasando. Esta desconfianza se extiende más allá ante la ausencia de una red de protección donde el niño se sentirá cómodo, e incluso motivado, de expresar esas molestias y necesidad de apoyo.

Además, como se describe al final, el razonamiento del niño malinterpreta la realidad a partir de esa impresión equivocada del sistema judicial. Normalmente esto ocurre por la falta de una guía adecuada de los papás ante las imágenes que el niño absorbe por medio de las series de televisión, películas y noticiarios.

56. Engaño en el examen

Circunstancias

El maestro supervisa un examen mientras que un alumno copia las respuestas de un papel escondido o en un documento oculto dentro de su celular o laptop.

» ¿Cuál es el momento adecuado en el que moralmente nos permitimos acudir a un método convencional que pudiera resultar hasta ilegal?
» ¿Cuál es es la manera de prepararse de forma eficiente (mínimo desgaste, mayor aprendizaje) para un examen?
» ¿Cuál es la diferencia al estudiar para un examen entre memorizar y aprender la materia?
» ¿Cuáles son los riesgos que pueden suceder al ser descubiertos?
» ¿Qué postura debe mantenerse al ser puesto en evidencia?

Durante un examen un alumno pide a su compañero que le dé los resultados.

» ¿Cómo se debe responder ante esa situación, considerando las ramificaciones legales y sociales?
» ¿Qué tanto habrá que apoyar si la persona:
    a) Es discapacitada físicamente o mentalmente
    b) Tiene problemas personales, o en su casa
    c) Representa una amenaza física
    d) Es socialmente muy popular
    e) Si el sistema de enseñanza es muy difícil o injusto?
» ¿Cómo responder si no estás seguro de tus respuestas y no quieres que te reclamen después por pasar información engañosa?
» ¿Qué hacer si te acusan y te amenazan por tomar parte en el engaño y te piden revelar el nombre de la otra persona?
» ¿Qué hacer si te descubren tomando parte del engaño y te castigan con o sin el otro alumno?

BASE DE CONOCIMIENTO

Realidad.

En una de las aulas un profesor aplica un examen, atento a que nadie de sus alumnos voltee o aproveche algún descuido para poder sacar cualquier acordeón. Para muchos de ellos no es difícil. Tal es el caso de Teresita León, quien para contestar sus exámenes siempre lleva acordeón, ante la inseguridad que siente de no aprobarlos. El profesor prohíbe libretas en las bancas o cualquier otro libro, pero ella es tan astuta que lo oculta debajo de su suéter.[82]

Realidad.

México se ubica en el lugar 48 de 129 países en el mundo medidos por la UNESCO en el Índice de Desarrollo de Educación, por detrás de países como Cuba, Argentina, Chile y Trinidad y Tobago. Esto, al medir las oportunidades de acceso a una educación gratuita y obligatoria de calidad en la primaria y secundaria, y en el combate al analfabetismo. Alrededor de 75% de la población mundial en condiciones de no saber leer ni escribir se concentra en 15 naciones. Al final de este grupo se encuentra México.[83]

Perspectiva.

Normalmente atribuimos el fenómeno de engaños en los exámenes académicos a personas con tendencias criminales flojas. Sin embargo, hay que tomar en consideración otros factores que llegan a motivar tales tendencias antes de mal etiquetarlo, ya que esto puede fortalecer aún más este comportamiento. Los motivos son diversos, tales como un mal maestro o guión; falta de capacidad o motivación para alcanzar las metas personales, sociales o familiares; presión social; déficit de atención; dislexia; debilidad para memorizar; facilidad de la materia (por ejemplo artístico *vs.* lógico); tensión y ansiedad relacionadas con la clase o por otras circunstancias en su vida; sobrecarga de tareas; falta de seriedad y sentido de responsabilidad, etcétera. Cualquiera que sea el motivo —podría ser una combinación de razones— deberá ser atendido y solucionado; no es únicamente cuestión de ejercer más presión y supervisión sobre el niño.

57. Ser testigo de una agresión

Circunstancia

Unos adolescentes graban con el celular una pelea entre dos niños.

> » ¿Por qué hay quien considera este tipo de actos un espectáculo y otros lo desaprueban? ¿Cuál es la forma adecuada de calificarlo?
> » Al ser parte del público, ¿cómo debe reaccionarse al ver:
>> a) Dos personas discutiendo
>> b) Dos personas peleando con o sin armas
>> c) Alguien grabando la pelea y a los espectadores
>> d) Un público que pide más agresión
>> e) Que una persona sufre abusos o está en peligro real frente a su adversario
>> f) Que la persona amenazada pide auxilio al público en general, y a ti en particular
>> g) (1) Un homicidio, (2) un cadaver o un ser humano mutilado, (3) un posible secuestro (referencia video[84])
>> h) Un niño llorando que no quiere ir con el adulto que lo está llevando?
> » ¿Cómo hay que reaccionar o qué hay que hacer al encontrar por Internet o al escuchar una grabación en la cual personas conocidas o desconocidas están realmente lastimadas o abusados? Y ¿qué hacer si un amigo nos confiesa que es víctima de algo o de alguien, pero nos pide no revelarlo a nadie?
> » ¿Qué constituye una pelea legal y/o razonable?
> » ¿Es correcto grabar una pelea real o una humillación?

BASE DE CONOCIMIENTO

Realidad.

Ciudad de México. Dos adolescentes vestidas con uniforme pelean mientras son aplaudidas por quienes las observan. "Ya, pelean como niñas". Una de ellas, con blusa blanca, inicia los golpes y se lanza a la cabeza de su contrincante, quien trae un suéter verde. Mientras tanto, sus compañeros ríen. Quien inició la pelea da los golpes más fuertes y lo que comienza como un tirón de cabello se convierte en puñetazos y patadas. Uno de los estudiantes que presencia la riña capta todo por medio de la cámara de su celular. Al separarse por un momento de nueva cuenta la de blusa blanca increpa a su rival: "Orale, que se vea", pero sólo giran sobre su eje y sueltan un par de cachetadas. Segundos antes de que el video termine otro compañero grita: "¡Ya mátense!". La de blanco da su última bofetada. Termina la grabación, pero no la pelea. El video puede verse en YouTube; es un ejemplo de la forma en la que los jóvenes retratan la violencia escolar y la llevan a la red.[85]

Realidad.

La familia de una niña de Detroit golpeada dentro de un baño de la escuela dijo estar indignada por la manera en la que la escuela ha manejado ese caso de violencia, que supuestamente ocurrió en múltiples ocasiones. Jasmine Crawley, una estudiante de 13 años de edad, fue presuntamente golpeada por otra chica en el interior de un baño de la escuela mientras sus compañeras de clase filmaron la escena. Es parte de un "30 segundos", juego en el que una chica golpea a otra mientras sus compañeros de clase graban la agresión. "Esto sucedió en la escuela a las 8 de la mañana. ¿Dónde estaba la seguridad, el personal, los maestros? ¿Cómo no se fijan que 15 alumnos están ausentes del salón de clases?". La familia de la niña señaló haberse enterado de las peleas después de que los compañeros de clase de Jasmine publicaron el video por Internet y que que inmediatamente se lo notificaron a oficiales escolares, quienes no le dieron importancia porque la chica había estado involucrada en otra pelea previa. Jasmine aseguró que fue presionada a pelear y acosada por sus compañeros de clase de octavo grado. Ella tiene comentarios en su Facebook en respuesta a la grabación que se publicó: "Soplones reciben puntadas". La familia presentó una denuncia ante el Departamento de Policía de Detroit.[86]

Realidad.

Con el fin de contribuir a la condena de un sospechoso de haber disparado, la Procuraduría de Michigan reveló un video de vigilancia que muestra a la gente ignorando el cuerpo sin vida de una víctima de 31 años de edad, Jheryl Wright, en la puerta de una tienda de conveniencia. Varias personas miran el cuerpo del fallecido y lo ignoran por completo. La gente pasa continuamente encima de Wright, pero sigue su marcha hacia el interior de la tienda, como si no lo notaran. "¿Cómo se puede pasar encima de alguien que yace sobre el piso y no ayudarlo? ¿Qué sentirían si el muerto fuese uno de sus seres queridos", comentó la madre de Jheryl?[87]

Perspectiva.

Moralmente, y en ocasiones legalmente, la culpa es tanto del espectador como de los agresores, al propiciar violencia, ignorar a la persona lastimada, o por hacer publicidad al acto, que motiva más eventos agresivos. La difusión por Internet de una pelea valida la forma violenta de resolver conflictos personales y de posicionarse socialmente, realmente sin reglas ni control. Se le da el valor de un deporte extremo, premiando a los actores con un masivo reconocimiento público, como si fuesen celebridades, pero no por su talento. Son gladiadores sin mérito, y a su vez quien los graba tiene la inepta ilusión de que es tan "maldito" como los actores. Por lo tanto, debería ser considerado también como un agresor; finalmente esa ha sido su aspiración.

Por otro lado, como resultado de la mezcla de miedo y apatía se ha fomentado más entre la sociedad el concepto "la ignorancia es felicidad", lo que da la impresión de que para no meterse en problemas ni con los criminales ni con la autoridad es mejor hacer caso omiso, aun cuando parece imposible que uno pueda evadir lo sucedido. Mientras que un adulto tomará una decisión basada en el conocimiento de su entorno, para el niño no hay algo objetivo que pudiera hacer en una situación así, especialmente en zonas propensas a altos niveles de homicidios y secuestros.

En el hogar y en lugares privados

58. Sensibilidad ante lo que podría implicar un peligro

Circunstancias

Los papás detectan la calefacción encendida cerca del niño durmiendo.

» ¿Cómo debe valorarse el riesgo que conllevan los sistemas de seguridad de los aparatos que mitigan el clima gélido?
» ¿Qué aparatos eléctricos o de gas pueden dejarse encendidos y cuáles no cuando las personas duermen?
» ¿Habrá diferencia si esos aparatos se dejan encendidos cerca de un bebé, un adolescente, un adulto, un adulto mayor o una persona discapacitada?
» Si se descubre a una persona durmiendo con la calefacción encendida y ello se considera inadecuado. ¿Será necesario despertarla?
» ¿Habrá diferencia para garantizar la seguridad si el aparato es: (1) de gas, (2) nuevo, (3) con muchos años, pero sin incidentes, (4) recientemente reparado, (5) de una buena marca o tienda, (6) prestado?

Estando en la calle surge la duda de que se dejó la calefacción o el gas encendidos.

» ¿Qué debe hacerse al considerar cada una de las siguientes circunstancias:
  a) Llamar a la casa significa que se van a molestar si descubren que todo está tranquilo
  b) No hay crédito en el celular o monedas para un teléfono público
  c) Nos hemos alejado mucho de la casa
  d) Llegaremos tarde si regresamos a revisar
  e) Creemos que lo que hacemos también es importante y quizá no tardará mucho?

BASE DE CONOCIMIENTO

Realidad.

Para la familia Gutiérrez llegar a casa tras la jornada laboral significa relajarse y sentirse, de alguna manera, "a salvo" de la agitada vida exterior. Al entrar a casa, Rodolfo, el integrante menor de la familia, se dio cuenta de que no había luz. Al ver que ya habían llegado uno de los vecinos subió a reclamar: "Otra vez su calefacción provocó que los vecinos y yo nos quedáramos sin luz. No tienen el suficiente cuidado en esta casa; día y noche está encendido. Dile a tus papás que revisen su instalación; no es la primera vez que pasa".[88]

Realidad.

Por lo menos 40 personas han muerto en Argentina durante el primer mes del invierno. La organización Red Solidaria precisó que la mitad de los decesos fueron por intoxicación con monóxido de carbono ante la ausencia de medidas de prevención en el uso de estufas de gas para calentar el ambiente, de ahí que haya insistido en que "las personas que cuentan con cualquier tipo de calefacción deben dejar abierta una rendija de por lo menos cinco centímetros en una ventana para evitar los accidentes producidos por la emanación de monóxido de carbono". Además, otros tres bebés murieron en incendios provocados por la utilización de métodos de calefacción caseros sin las mínimas condiciones de seguridad en su uso.[89]

Perspectiva.

Es común pensar que el olor a gas se percibe fácilmente, o que irrite y nos despierte de inmediato, pero no es así. El olor no despierta a una persona; no causa que necesariamente un bebé llore por la molestia, o que una persona soporte los efectos del olor sin desmayarse mientras investiga el origen del mismo. Por cuestiones arquitectónicas, climáticas o para protegerse de los insectos, las ventanas permanecen cerradas en lugares donde hay que dejarlas siempre abiertas. Un detector de humo, de gas o la sensibilidad al olor ayudan, pero no son garantía ni la solución total para prevenir la pérdida de la vida a causa de una fuga.

59. Seguridad de la casa: Cierre

Circunstancia

La niña detecta que las ventanas y la puerta están sin seguro mientras la familia duerme.

> » ¿Cuál es la responsabilidad de cada integrante de la familia en torno de la seguridad de la casa, de los bienes y de las personas que la habitan?
> » ¿En qué lugares de la casa un agresor puede entrar sin o con el seguro puesto? ¿Qué medidas de prevención hay que tomar al respecto?
> » ¿A quién hay que alertar (o despertar) si existe dificultad al cerrar adecuadamente la puerta o ventana?
> » ¿Cómo hay que dejar las puertas y ventanas si un habitante de la casa llega más tarde?
> » ¿Cómo hay que dejar la ventanas, puertas y alarmas de acceso si hace mucho calor o existe la preocupación de que no haya la posibilidad de salir en caso de una urgencia?

BASE DE CONOCIMIENTO

Realidad.

La señora Ana Ruiz es muy precavida. Antes de dormir procura cerrar ventanas y puertas con seguro, sobre todo porque uno de sus hijos es sonámbulo y casi todas las noches se levanta y trata de abrir la puerta. Un día la señora Ana se sentía muy mal. Lo único que quería era subir a descansar, así que les encargó a sus hijos que antes de que se fueran a dormir cerraran las puertas y ventanas, pero por estar entretenidos con los videojuegos no lo hicieron y se fueron a la cama sin llevar a cabo la recomendación de su madre. A la medianoche Ricardo se levantó, caminó por el pasillo, bajó las escaleras, abrió la puerta y salió. Arturo, el hermano mayor, se dio cuenta porque escuchó el rechinido de la puerta y, descalzo, bajo rápido hasta alcanzar a su hermano. De la prisa tropezó con un tabique que estaba en el camino.[90]

Perspectiva.

El problema en este caso es con la señora, que siempre asumió la responsabilidad de cuidar a Ricardo, en lugar de compartirla con toda la familia. Así, al momento de requerir que los demás la apoyaran a pesar de ser una tarea fácil no hubo la suficiente disciplina, costumbre, instinto y sentido de responsabilidad para realizarla como si fuera un hábito.

60. Provocación de accidentes: Descuido

Circunstancias

El niño se encuentra jugando con una pelota cerca de su mamá, mientras ella cocina.

Un adolescente y su papá practican boxeo en la sala, mientras su pequeña hermana está sentada cerca de ellos en el piso, jugando con sus muñecas.

> » ¿Qué tipo de juegos no hay que practicar en la casa por el riesgo de causar daño o lastimar a alguien? (aunque sea en el hogar de otras personas, donde quizá no sean tan estrictos).
> » ¿Qué actividades puede hacer el niño dentro de la casa si está aburrido y con mucha energía?
> » ¿Cuál es la forma adecuada de que el niño exprese su aburrimiento o deseo de tener atención del adulto, que está ocupado en ese instante?
> » Aunque el niño juegue con cuidado con la pelota, ¿puede ocurrir un accidente? ¿En qué forma y momento?
> » Si sucede un accidente, ¿quién es el responsable: el niño, por no cuidarse; la mamá, por no disciplinarlo; la falta de espacio u orden en la casa?

BASE DE CONOCIMIENTO

Realidad.

La señora Liana Ruiz le prepara a su marido una rica cena por su aniversario de bodas. Mientras deja sus guisos en la estufa comienza a hacer un poco de quehacer. Su hijo Martín, de 9 años, juega en el patio con su pelota, pero al ver que la mamá estaba descuidada entró corriendo para agarrar galletas de la alacena. Puso un banco para alcanzar la caja, pero al momento de estirarse su piecito se dobló y cayó al suelo, jalando el sartén que estaba en la estufa. El aceite cayó en uno de sus bracitos y parte de su cara. Un grito espantoso hizo que su mamá fuera corriendo; el niño tuvo quemaduras de segundo grado.[91]

Realidad.

Médicos especialistas del área de quemados del Centro Médico Nacional Adolfo Ruiz Cortines brindan atención médica al menor José Alberto Madrigal Lozado, quien resultó con quemaduras de segundo grado en el cuerpo tras vertirse encima una olla con caldo hirviendo. De acuerdo con los primeros reportes, el menor cuenta con sólo tres años de edad. Según se establece en primera instancia, el menor se encontraba en su domicilio particular, cuando al jugar cerca de la cocina movió de manera accidental la estufa, lo que ocasionó que le cayera encima la olla con caldo de pollo hirviendo, el cual le produjo severas quemaduras en tórax, brazos y genitales, por lo que sus familiares solicitaron el auxilio de la Cruz Roja de inmediato. Paramédicos que arribaron a la casa en una ambulancia le brindaron los primeros auxilios y posteriormente fue conducido al área de quemados del Seguro Social de Cuauhtémoc, en la ciudad de Veracruz. De acuerdo con el reporte, el estado de salud del niño es delicado.[92]

Perspectiva.

En el primer caso el niño tuvo la disciplina de no correr en la casa, pero el incidente ocurrió no por el descuido de la madre ni porque el menor corrió; simplemente fue un accidente. En contraste, el segundo caso presenta negligencia, por permitirle al niño moverse sin supervisión dentro de la cocina.

61. *Provocación de accidentes: Desorden*

Circunstancia

Los niños corren en la casa mientras hay juguetes y cables en el piso.

> » Si sucede un accidente, ¿qué grado de responsabilidad tienen: (1) las persona que dejaron los cables así; (2) las personas que juegan sin cuidado; (3) la gente que siguen viendo los cables mal puestos y no los arregla adecuadamente o simplemente no llame la atención de los demás?
>
> » ¿Quién será el responsable si la persona que sufre un accidente, no estaba corriendo e intentó fijarse bien dónde pisa?
>
> » ¿Cómo evitar los accidentes en caso de que sea necesario dejar los cables o juguetes a mitad de cierta área por un rato nada más?
>
> » ¿En qué momento hay que recoger los cables y juguetes si posteriormente (en unos minutos, horas, o al siguiente día) se vuelven a usar?
>
> » ¿Habrá diferencia en la forma que se dejen las cosas en el piso cuando en la casa hay (1) invitados, (2) más personas, (3) poca gente, (4) personas discapacitadas, (5) de la tercera edad, (6) niños y bebés, (7) mujer embarazada, (8) personas cansadas, (9) persona que, por ejemplo, siente dolor de cabeza o de estómago?

BASE DE CONOCIMIENTO

Realidad.

Su hijo, de 4 años, y una hermana, fueron testigos. El comerciante, Hernán Torres Pérez, de 57 años, resbaló cuando caminaba a casa de un familiar. Murió como producto de la descarga recibida al pisar un cable de alta tensión que minutos antes se desprendió de un poste. La hermana de Hernán casi corre la misma suerte, pero las quemaduras no fueron de gravedad. Otras dos personas, entre ellas su hija embarazada, también resultaron afectadas al tratar de zafar del cable a la víctima. El niño se salvó porque momentos antes se soltó de la mano de su padre. A Torres Pérez pudieron retirarlo del sitio de los hechos unos 15 minutos después, cuando la comunidad, a punta de palos y piedras, tumbó el transformador y dejó sin luz eléctrica el pueblo. Lo llevaron al hospital, pero fue demasiado tarde. Dilson Torres, hijo de la víctima, dijo que el cable que mató a su padre cayó instantes antes de que él pasara. "Parece que supiera que él iba a pasar para caer", manifiesta otro familiar.[93]

Perspectiva.

Tanto en la casa como en la calle hay que cuidar dónde pisamos. No todo cable es "inofensivo", como tampoco es seguro pisar un hoyo o levantar cualquier piedra. Sería más un accidente que una negligencia si Hernán pisó el cable sin tomarlo en cuenta, que si lo hizo pensando que no pasaba nada. Por otro lado, la forma en la que se enfrentó el incidente fue la adecuada en el sentido preventivo: primero separarlo de la fuente de poder (usando material de goma y madera), y luego auxiliarlo de cerca.

62. Provocación de accidentes: Jugar peligrosamente

Circunstancias

El niño intenta meterse en la estufa.

> » ¿A qué lugares, dentro y fuera de la casa, está prohibido ingresar? ¿Cuáles son los riesgos generales y probables?
>
> » ¿Habrá diferencia si se mete (1) por un ratito, (2) sólo para probar o ver algo, (3) si otras personas lo han hecho, (4) si es por un juego, (5) si varios niños entran juntos?
>
> » ¿Qué hacer si otras personas te retan o te presionan a hacerlo?
>
> » ¿Qué artículos no deben ser dejados en la estufa, aunque sea por un rato, mientras nadie los usa?
>
> » ¿Está permitido meter animales en la estufa, como si fuera un juego, un castigo, o para esconderlos?

Un grupo de adolescentes busca cómo divertirse y pasar el tiempo. Por medio de otros amigos y al buscar en Internet se enteran de unos juegos retadores.

> » Tomando los siguientes "juegos" como ejemplo, ¿cómo debería reaccionar el adolescente ante el reto de mostrar valor y la presión social si el evento ocurre en la calle, en la casa, en una fiesta o en la escuela?
>
>> a) Cortando el suministro de oxígeno al cerebro por medio de la estrangulación durante un breve lapso (algunos jóvenes lo han hecho, ya sea solos o en grupo).
>>
>> b) La ingestión, inhalación o simplemente poner en la boca diferentes productos, tal como tragar una cucharada de canela en polvo sin tomar agua; inhalar productos con olor penetrante, e incluso llenar la boca con malvaviscos.
>>
>> c) Con base en una película de los años ochenta, el reto es mantener el equilibrio al estar parado sobre el techo de un coche en movimiento.
>>
>> d) Resolver simples preguntas intelectuales mientras otra persona trata de causar distracción al infligir un dolor moderado, como rascar el dorso de la mano.
>>
>> e) Juegos de "suerte" usando navajas y balas.

BASE DE CONOCIMIENTO

Realidad.

Para muchos niños jugar a las escondidillas es al mismo tiempo un reto y una gran diversión. Mecho Guzmán, un pequeño de apenas seis años, así se divierte. Una ocasión tuvo visitas: varios compañeritos de su salón de clases fueron a su casa a divertirse, así que comenzaron a organizarse y decidieron jugar a las escondidillas. A Mecho le tocó esconderse e intentó buscar un lugar en el que fuera difícil encontrarlo, así que vio la estufa, corrió y se metió. Nunca antes se le había ocurrido ocupar ese lugar como escondite. Sus compañeros encontraban a uno a otro, pero a él no. De pronto escucharon un ruido en la estufa, así que corrieron y vieron a Mecho tratando de salir, pero estaba atorado; la estufa era muy pequeña. Decidieron ir en busca de un adulto para ayudarlo a salir. Su madre logró sacarlo, pero el niño quedó lastimado de su espalda.[94]

Perspectiva.

Expresiones como "así se divierte" o "tener el gusto de ver al niño ocupado sin molestar a los adultos", es lo que deja a aquél la impresión de que todo está permitido y que nada es realmente peligroso tratándose del "juego". Tal es el caso de manejar armas, aunque sean inocuas; jugar con fuego, brincar desde lugares altos o resbalosos; tratar con animales salvajes, etcétera. Para un niño activo y con imaginación, salir lastimado es parte del "costo de la diversión", así que probablemente cada vez será más atrevido, buscando cosas menos convencionales, ya que para él significa "una aventura única". Es el adulto quien debería determinar cómo satisfacer la curiosidad y el sentido de ser "juguetón" del niño, además de que pueda interactuar con otras personas sin lastimarse.

63. Provocación de accidentes: Electricidad

Circunstancias

En la sala muchos aparatos electrónicos están conectados a una sola toma de luz.

» ¿Cómo calcular la capacidad eléctrica de una conexión (enchufe, cable de extensión, multicontactos, regulador, fusible)?
» ¿Qué ocurre cuando se aproxima o se rebasa la capacidad eléctrica de las conexiones?
» ¿Qué hacer cuando te piden conectar un aparto eléctrico en un lugar donde la instalación evidentemente parece insegura?
» ¿De que protege y de que no el fusible contenido en el aparato, en el multicontactos o en la caja central de la casa?
» ¿Qué hacer cuando el cable se calienta y despide un humo u olor de algo quemado?

El niño trata de meter un alambre (o lengua o dedos) al enchufe.

» ¿Cómo satisfacer una curiosidad sin generar peligro?
» ¿Cómo evaluar un riesgo si ve que otras personas hacen lo mismo sin que les ocurra algo negativo?
» ¿Cuál es la forma adecuada de abordar lo relacionado con la electricidad, entre los beneficios y peligro que representa?
» ¿Cómo decidir usar o no algo cuando representa cierto peligro frente a los beneficios? (por ejemplo la construcción de una planta nuclear, o una planta de energía cuyos residuos contaminen el agua de un río).
» ¿Cuál es el significado del dicho "jugar con fuego" y qué tanto hay que arriesgarse en la vida cotidiana para satisfacer la diversión, aprendizaje, trabajo o en la vida social?

BASE DE CONOCIMIENTO

Realidad.

Durante la temporada navideña los incendios ocasionados por cortos en las luces navideñas y saturación de conexiones se incrementan 15 por ciento. El titular de la Unidad de Protección Civil de la Universidad de Guadalajara recomendó tomar en cuenta algunas medidas preventivas al comprar y colocar los adornos "para evitar que ocurra un cortocircuito en las luces navideñas". Explicó que es importante evitar saturar los enchufes con extensiones conductoras de electricidad. "todas indican en la etiqueta cuántas extensiones pueden acumularse. Deben ser desconectadas cuando la casa se queda sola y a la hora de dormir, además de revisar que los enchufes estén en buen estado".[95]

Realidad.

Un niño de dos años y medio falleció electrocutado en su domicilio de Hellín al introducir un alambre en un enchufe; sufrió una descarga que le provocó la muerte de forma instantánea. Según informaron a Efe fuentes cercanas a la familia del pequeño, el siniestro ocurrió casi a las tres de la tarde en el domicilio familiar, situado en la avenida de la Constitución de Hellín. Al momento de ocurrir la tragedia, la madre y la abuela del niño también estaban en el domicilio , por lo que al producirse el suceso trasladaron al pequeño al hospital Comarcal de la localidad, pero los médicos que lo atendieron nada pudieron hacer por salvarle la vida. El funeral, según las mismas fuentes familiares, se celebró a las cinco de la tarde y posteriormente el cadáver fue enterrado en el cementerio municipal de Hellín, población que resultó conmocionada ante el infausto acontecimiento.[96]

Perspectiva.

Es de sentido común evitar la conexión de muchos aparatos en una sola toma de corriente, pero aquél no se basa en las advertencias e instrucciones de la caja o en la de los medios de comunicación, sino en el instinto de preocupación y responsabilidad, el cual empieza con el ejemplo que los papás prodigan mediante el cuidado que demuestran al usar distintos aparatos que representan cierto peligro, desde un cuchillo en la cocina, hasta el manejo de un auto. Es cuestión de aprender a identificar el riesgo que conlleva manejar los aparatos en cierto momento de descuido para evitar algún tipo de accidente.

Tome en consideración la existencia de diversas medidas en la casa para el cuidado de un niño, tales como instalar tapas de plástico en los enchufes. Sin embargo, nada puede ser comparado con tenerlo siempre bajo la mirada, y no solamente cerca, "al alcance de la vista". Debemos recordar que lo que motiva el desarrollo de un niño es su natural curiosidad, la cual, de no contar con la guía y supervisión adecuadas, puede resultar fatal, sin importar el equipo de protección.

166

64. *Reacción ante un peligro potencial: Intoxicación y asfixia*

Circunstancias

La familia percibe un desagradable olor que la hace sentirse mal.

> » ¿Cómo investigar el origen de un olor fuera de lo común?
> » ¿Qué tanto debemos insistir acerca de una solución si otras personas no lo perciben o no se molestan por ello?
> » ¿Qué hacer si de repente tú u otra persona se sienten muy mal?
> » Si el olor (por ejemplo de cigarro, basura, falta de higiene, gas) proviene de una persona cercana o de un vecino, ¿como debemos enfrentarlo?
> » Si el olor no representa un peligro inmediato, sino sólo molestia y preocupación, ¿cómo debemos asimilarlo para buscar una solución?
> » ¿Qué hacer si al avisar a las autoridades no hay una respuesta adecuada o expedita de su parte?

Una señora despierta debido al humo que invade su cuarto, mientras su marido sigue dormido. ¿Cuáles son los teléfonos de urgencia que debemos tener a la mano, y a quién hay que reportarlo? ¿Qué hacer si el humo sigue expandiéndose y no hay respuesta por parte de los servicios de auxilio?

> » ¿En qué momento hay que alertar a los demás residentes de la casa, aunque se molesten?
> » ¿Alguien deberá verificar el origen del humo sin que nadie sepa lo ocurrido?
> » ¿Qué significa "entrar en pánico? ¿Cómo enfrentar a una persona en este estado?
> » ¿Qué hacer si uno se siente asfixiado o a punto de desmayarse?

BASE DE CONOCIMIENTO

Realidad.

El Metro detuvo su viaje debido a que una de las escobillas pasó sobre un objeto desconocido, lo que provocó un cortocircuito. Al notar que el vagón se llenaba de humo los pasajeros activaron las palancas de urgencia. Luego de varios minutos fueron evacuados por personal del sistema de transporte y caminaron hacia la siguiente estación. "Íbamos en dirección a Garibaldi y de pronto se escuchó como un chispazo y el vagón se empezó a llenar de humo. Además se fue la luz y la gente empezó a desesperarse, hasta que se abrió una de las puertas y pudimos salir", relató Ana Carrillo, una de las pasajeras. El director del Sistema de Transporte Colectivo Metro (STC) informó que de los 45 intoxicados siete fueron trasladados a un hospital, entre ellos tres menores de edad.[97]

Realidad.

Nueve personas (siete menores y dos adultos) murieron intoxicados por el humo esta madrugada durante un incendio. El siniestro acabó con la vida de dos familias y dejó herida a una mujer. "Es una casa de dos pisos en la que vivían 10 personas. Al parecer el fuego empezó en la planta baja, que es utilizada como bodega de una dulcería", explicó el funcionario. Agregó que las personas murieron intoxicadas por inhalación de humo. "Lamentablemente la construcción no tiene mucha ventilación y las puertas estaban cerradas. Incluso para ingresar tuvimos que abrir un boquete en un muro", advirtió.[98]

Realidad.

Una explosión de gas ocurrida durante la madrugada en la ciudad de Netanya, Israel, ocasionó el deceso de cuatro personas, tres desaparecidos y más de 50 heridos. Los fallecidos son dos mujeres de unos 40 años, un hombre de 50 y un joven de 20. La explosión se produjo poco después de la medianoche en un edificio de cinco pisos ubicado cerca del centro de la ciudad. La policía cree que el accidente fue producido por una fuga de gas y descartó que haya sido ocasionado por un ataque terrorista. Tras el incidente la policía ordenó el arresto de los directores de la compañía Amisragas, responsable de la colocación de garrafas de gas en el departamento y se investiga si éstos tienen responsabilidad directa o indirecta en este suceso que conmovió a la ciudad. También fueron arrestados dos de los técnicos encargados de proveer gas al edificio, también pertenecientes a Amisragas. Vecinos del edificio se habían quejado durante todo el día por el fuerte olor a gas en el lugar, aunque parece que los reclamos no fueron tomados en cuenta por la compañía o no se actuó de manera correcta, lo que provocó la terrible tragedia.[99]

Perspectiva.

Este último caso demuestra (1) cómo un mal olor representa un riesgo sin que haya la evidencia clara del peligro, como una flama; (2) un olor peligroso puede pasar desapercibido; y (3) otro motivo para usar la palanca de urgencia. En el caso de un desalojo forzoso la forma en la que la gente abandona el sitio puede representar tanto peligro como el riesgo por el cual evacuan el lugar. Hay que enseñar al niño cómo protegerse ante una multitud que corre despavorida sin tomar en cuenta a los demás; es decir, ni a bebés, niños, mujeres, adultos mayores o gente discapacitada. Sin embargo, pese a todas las enseñanzas y simulacros es difícil reaccionar de forma drástica cuando no hay evidencias de un peligro aparente, cuando nadie más está preocupado a ese nivel y cuando salir con urgencia implica tanto desorden. Por lo tanto, también hay que hacer hincapié en que en ocasiones es necesario ignorar todo lo anterior y ponerse del lado preventivo, exponiéndose a las bromas sobre la reacción exagerada que se suscitarían después si no ocurriera nada. ¿Pero qué pasa si llegara a suceder algo? El equilibrio entre la tranquilidad y la paranoia es algo muy personal, basándose en la valoración del riesgo.

65. *Desubicación*

Circunstancia

La luz se fue en la noche y la familia se encuentra desubicada.

- » ¿Cómo debe prepararse para tales ocasiones?
- » ¿Qué se hace en el momento, considerando que no se tomaron medidas de prevención, si uno se encuentra (1) solo; (2) con gente desconocida; (3) con gente conocida en diferentes partes de la casa?
- » ¿Qué hacer al momento de sentir ansiedad en la oscuridad por (1) el lugar; (2) la gente; (3) la soledad; (4) otros miedos?
- » ¿Cómo hay que reaccionar si nos encontramos en una prolongada situación de oscuridad con una persona en cuyas intenciones no confiamos?
- » Si las persona se ubican en diferentes partes de la casa, ¿a quién se debe atender primero o revisar que esté bien: al bebé, a los papás, a los niños, a los adultos mayores, a personas discapacitadas o a los huéspedes?

BASE DE CONOCIMIENTO

Realidad.

Son las diez de la noche. En casa de la familia Salcedo hay una reunión familiar. Primos, tíos, abuelos, papás festejan la llegada de un nuevo integrante de la familia. Se divierten de lo mejor brindando, bailando, platicando sus vivencias. De pronto se va la luz. A los dueños de la casa los tomó por sorpresa; no sabían dónde habían puesto las velas. Nunca imaginaron que esto les arruinaría la reunión. Pensaron que era un fusible que se había fundido, pero cuando un integrante de la familia salió a la calle para averiguar qué estaba pasando se encontró con varios vecinos quejándose de que se habían robado el cable de luz y de que por ser viernes la compañía de luz iba a tardar en arreglar el desperfecto.[100]

Perspectiva.

Un incidente ocurre en el momento menos indicado, de ahí la molestia que genera, por lo cual la disciplina de prevención no trata de contemplar contingencias para un momento en particular, sino considerar que eventos de este tipo pueden pasar en cualquier momento.

170

66. *Situaciones desastrosas II*

Circunstancias

La familia se encuentra en la planta baja y corre afuera (o al bunker, sótano, etcétera) cuando se manifiesta el potencial desastre natural.

» Respeto a las personas, a los inmuebles, instalaciones y estructura del edificio, ¿en qué hay que fijarse cuando salimos corriendo de la casa debido a un temblor?

» ¿Qué hacer si una persona o mascota se queda atrás por ser lenta, estar asustada o por no darle mucha importancia al riesgo?

» ¿Qué hacer si hay artículos que no deseamos perder o que creemos importante obtener, pero que ir a recogerlos retrasaría más la salida (es decir, más peligro de estar dentro de la casa)?

» Al finalizar el sismo, ¿qué hacer si persiste la duda de si es seguro entrar nuevamente a la casa cuando en apariencia no hay daños materiales? ¿Qué hay que revisar y con quién se puede consultar?

» ¿Cómo se puede prevenir una salida de urgencia para facilitar el manejo de una crisis?

La familia está en un departamento, y cuando se siente el temblor se acurruca cerca de un mueble.

» ¿Cómo debemos posicionarnos cerca de un mueble y en qué tipo de muebles?

» ¿Qué hacer al momento del temblor si en la casa hay (1) un bebé en su carrito o en su cuna; (2) un adulto mayor; (3) una persona discapacitada; (4) un niño que no desea colaborar; (5) una mascota que no obedece nuestras instrucciones?

» Tanto al momento del temblor como cuando finaliza, ¿qué hacer con los aparatos de gas o electrónicos que estaban en funcionamiento?

» ¿Qué hacer si empiezan a caer artículos de las repisas, polvo o piezas del techo, o si un vidrio se fractura?

» ¿Qué hacer si durante el temblor se protege a una persona y se escucha a otra pidiendo apoyo (1) dentro o (2) fuera del departamento?

Se activó una alarma y hay que evacuar el edificio.

> » ¿Qué se debe y no se debe hacer al escuchar la alarma en las siguientes situaciones:
>   a) La alarma de la puerta (acceso no autorizado)
>   b) El detector de humo o de gas o la alarma de incendio
>   c) El botón de pánico o de urgencia médica
>   d) La alarma de un tiroteo, ataque o explosivo
>   e) Una alerta de terremoto, huracán, tsunami o de cualquier otro desastre natural?
> » ¿Cuáles son las diferencias entre lo que ocurre en un simulacro y en una situación real, haciendo hincapié en el comportamiento de la gente?
> » ¿Cómo se cuida uno mismo y a un ser querido en estas situaciones?
> » ¿Qué hay que hacer en un momento de pánico de uno mismo o de otra persona y cuando se nota que alguien quedó atrapado?
> » ¿A dónde ir si la situación es caótica y los accesos formales están saturados por la gente?

BASE DE CONOCIMIENTO

Realidad.

La doctora Adriana Rodríguez estaba en su domicilio. Doblaba ropa y preparaba una maleta de viaje cuando de pronto miró cómo todo en su hogar se movía y los adornos caían al piso. De inmediato bajó del segundo piso de su casa, tomó a su hijo de 5 años y corrió al parque que está frente a su hogar, lugar donde pasó la noche. "El terremoto duró más de un minuto; todos los vecinos salieron. Las personas salían corriendo de sus hogares y los inmuebles se movían de un lado a otro. En menos de un minuto salieron como 17 familias. Todos gritando y espantados mirábamos cómo caían bardas y postes de luz".[101]

Realidad.

Un fuerte sismo estremeció la zona sur de México. Por suerte no hubo daños materiales o víctimas que lamentar. Sólo angustia, como en casa de los Chávez, quienes al momento de sentir el temblor, buscaron refugio en algún rincón o mueble de su casa. Después de lo que vivieron en el 85 quedaron con miedo; es por eso que experimentan minutos de terror y lo único que intentan es cubrirse de algún daño que pudiera causarles el fenómeno.[102]

Realidad.

Petróleos Mexicanos informó que la tarde del 31 enero de 2013 se registró una explosión en el sótano del edificio B2 de su centro administrativo en la Ciudad de México, en la que varias personas perdieron la vida y otras resultaron heridas. La conflagración provocó daños en la planta baja y en el mezzanine de sus oficinas, por lo que se procedió a evacuar al personal. Reportes policiales señalan que el percance ocurrió en una subestación eléctrica y que como medida de prevención fue desalojada la torre de la paraestatal, pues presentó una falla en el suministro de luz.[103] A las 22:12 de esa noche los accesos del complejo administrativo de Pemex registraron un estruendo que desató una breve estampida. Momentos después, con nerviosismo, se explicó que había una amenaza de bomba. Sin embargo, en el acceso de Marina Nacional los rescatistas dijeron que se registró una nueva fuga de gas que provocó un estruendo y el desprendimiento de una estructura, lo que devino en la evacuación.[104]

Perspectiva.

Los momentos de una situación desastrosa pueden ser divididos en cinco periodos: el inicio del peligro; el momento de conceptualizar el evento; la reacción de sobrevivencia; la finalización del peligro inicial; el asentimiento de que terminó, junto con la valoración de daños, lesiones y posibles nuevos incidentes. Los tiempos varían mucho de acuerdo con el carácter general del peligro y las estructuras afectadas. Sin embargo, la capacidad de reacción del ser humano podría disminuir considerablemente la duración total del evento, para lo cual se requiere saber identificar con facilidad qué es lo que está sucediendo; qué hacer, adónde ir, qué y a quién recoger; conocer vías alternas y priorizar lo que se debe resolver en ese instante. En zonas propensas a peligros particulares no hay excusa para no estar prevenidos y demostrar una reacción eficiente como individuos y comunidad para minimizar los daños y pérdidas. Para ciertas personas será suficiente con saber adónde ir y tener lista una póliza de seguro, mientras que otras desearían mantener siempre a su alcance las llaves, el celular y dinero, así como tener preparada una maleta de urgencia. Sin embargo, incluso con todo tipo de prevenciones nadie es capaz de pronosticar con certeza qué va a pasar y cómo reaccionará la gente, o hasta uno mismo, por lo cual, la preparación frente a los peores y más complicados escenarios es aún más importante para poder manejar y superar el periodo de crisis.

67. *Obsesiones y adicciones*

Circunstancias

Un adolescente pasa todo el día ocupado con sus videojuegos.

» ¿Cuál es el periodo adecuado para dedicar a ese tipo de juegos al día o a la semana?
» ¿Qué se debe hacer con el resto del tiempo libre?
» ¿Cuál es la importancia de la interacción social si por medio de los videojuegos también se comunica con otras personas (vía Internet), y no hay riesgo de abusos o problemas interpersonales?
» ¿Cómo se superan los miedos, inconformidades, dificultades o disgustos de la interacción social?
» ¿Cuáles son los juegos completamente inadecuados y por qué?

Un adolescente se preocupa mucho de su estatus social.

» ¿Cómo se relacionaría cada una de las siguientes condiciones a esa preocupación:
    a) Anorexia
    b) Bulimia
    c) Descuido del trabajo escolar
    d) Desobediencia en la casa
    e) Consumo de drogas legales (por ejemplo, medicamentos)
    f) Consumo de drogas ilegales
    g) Fumar
    h) Compra de ropa
    i) Actividades sexuales
    j) Actividades ilegales
    k) Música que promueve el sentido de depresión o violencia
    l) Una imagen personal agresiva o negligente
    m) Actitud introvertida
    n) Imitación de celebridades?
» ¿Hasta qué punto la necesidad de socializar es razonable y aceptable?
» ¿Qué es la felicidad y una satisfacción o gratificación sana?
» ¿Cómo autoreconocer una adicción o una obsesión?

» ¿A dónde se puede acudir en caso de que uno sienta continuamente lapsos de ansiedad y no desee expresarlo dentro la familia, en la escuela o entre amigos?

BASE DE CONOCIMIENTO

Realidad.

Chris Staniforth, británico de 20 años, jugaba como de costumbre con su Xbox, cuando luego de 12 horas ininterrumpidas de juego sufrió un coágulo y murió. Según la autopsia que le realizaron los médicos el coágulo que sufrió es el llamado profunda trombosis venosa. Tales coágulos pueden formarse en las piernas o en alguna parte baja del cuerpo sobre todo cuando una persona está sentada o permanece mucho tiempo en una misma posición. En el caso de Chris intuimos que las 12 horas que estuvo jugando con su Xbox estuvo simplemente sentado con el control en las manos y mirando atentamente la pantalla del televisor. Según su padre, "Chris vivía por su Xbox. Cuando él se interesaba por un videojuego podía jugarlo por horas hasta terminarlo. A veces eran 12 horas corridas. Él estuvo muy metido en jugar *Halo* en línea contra gente de todo el mundo".[105]

Perspectiva.

El ser humano es sociable y finalmente es necesario que interactúe con otra gente para poder desarrollarse en la vida, ya sea por cuestiones de trabajo, contrato de servicios o para aprender a evadir malas intenciones. ¿Qué tanto un niño o un adolescente debe socializar? Es algo personal. Lo importante es que haya un mínimo nivel de interacción con otra gente y que posea la capacidad de socializar cuando sea necesario, demostrando la reacción adecuada ante diferentes tipos de encuentros, intenciones y provocaciones de bien y de mal, además de saber cómo transformar las malas experiencias en su favor.

El mundo virtual, a pesar de ofrecer la opción de comunicarse con otras personas, no conlleva los mismos estímulos y pruebas como en la vida real. Así como ningún simulacro de combate y ningún juego de *paintball* nos darán la experiencia real, las emociones y las decisiones difíciles al convivir con un soldado en el campo de batalla, la interacción excesiva con otra gente a través de los videojuegos representa una máscara ante los problemas de socialización. Al dejar que sus hijos evadan la interacción con otros adolescentes por no saber cómo enfrentarlos u orientarlos posteriormente se convertirán en personas más agresivas, frías y aisladas, y con problemas en sus futuras relaciones de pareja, trabajo y capacidad de prevenir y superar la inseguridad de la vida en general, hasta que mediante la experimentación de prueba y error algunos aprenden a ser diferentes.

Espacio virtual

68. Selfie y Sexting

Circunstancia

Una niña usa su celular para tomar una foto de su cuerpo.

» ¿Qué es una foto indigna o un mensaje textual indigno?
» ¿Qué tanto se puede confiar en los amigos que vean este tipo de fotos o se enteren de un dato personal, ya sea que lo reciban en su correo electrónico, por el celular o por un perfil privado de una red social en Internet?
» ¿Cuáles son los riesgos que se presentan al tomar tales fotografías o mandar mensajes íntimos, aun sin intención de difundirlos, considerando la reacción de la gente en general hoy en día, y si llegaran a ser reveladas siendo un adulto?
» ¿Cómo debe ser manejada la pena e incomodidad si llegan a caer en manos de otra gente?
» Si otra gente lo hace o la pareja lo pide, ¿será una práctica apropiada?

BASE DE CONOCIMIENTO

Realidad.

Especialistas sostienen que cada vez son más los adolescentes de ambos sexos que con sus teléfonos celulares se toman fotos o se filman a sí mismos en situaciones eróticas. Los protagonistas lo admiten y recalcan que si bien antes esas fotos eran tomadas por otras personas y el o la retratada no se daba cuenta, hoy se exponen y, muchas veces, son ellos mismos quienes toman las imágenes. Los primeros días de octubre de 2008 salió a la luz un hecho que conmocionó a toda la comunidad de

179

Paraná, en Entre Ríos. La denuncia de un grupo de padres ventilaba una situación por demás polémica: una adolescente de 14 años fue filmada con un celular mientras le practicaba sexo oral a un compañero de 15 años en el baño de una estación de servicio cercana al colegio al que ambos asistían. Se presume que las imágenes fueron captadas en horario escolar o en los minutos posteriores a la salida, ya que la joven vestía el uniforme del colegio. Luego el video fue distribuido entre un grupo de alumnos del colegio a través del sistema bluetooth. "Sucede que hoy hay una 'cultura *Big Brother*' de mostrar todo lo que hago y que no necesariamente se limita a lo sexual. Esto ha llevado a que se desdibuje la barrera entre lo privado y lo público, y es fruto de una cultura hedonista en la que la persona siente la necesidad personal de mostrar todo lo que hace", destacó la especialista en temas escolares Nancy Caballero, quien añadió que la mayoría de los chicos lo consienten y lo consideran normal, ya que están convencidos de que "espiar al vecino" está aceptado por el medio.[106]

Realidad.

Según datos de la Alianza por la Seguridad en Internet (ASI) 90% de las víctimas de *sexting* en México son mujeres. En una encuesta realizada en cinco mil planteles, 80% de los menores entre 12 y 17 años piensa que publicar información personal en la red es peligroso. Sin embargo, la mitad cree que su información está a salvo si a su perfil sólo ingresan sus amigos. En realidad al ser divulgada la foto masivamente en portales de Internet es complicado que ésta sea retirada si no es por medios legales y aun acreditándose el delito de pornografía infantil. En otros casos, aunque se denuncie, la autoridad tiene pocas herramientas para frenar la distribución de la imagen. El otro conflicto radica en cómo sancionar a quien tomó la foto si el o la autora terminó convirtiéndose en víctima. Las causas principales por las que los jóvenes hacen z son romance juvenil o expresión de intimidad; coqueteo, lucimiento, impulsividad, presión de los amigos, venganza, *bullying* o intimidación y chantaje.[107]

Perspectiva.

La culpa de esos comportamientos no está en la facilidad que ofrece la tecnología, pero sí en su uso. En este reportaje la tecnología amplía las ramificaciones del acto, aunque el impropio mensaje sexual existe aun sin las cámaras digitales y los canales virtuales de distribución. Por ejemplo, la ropa, gestos y comportamiento pueden generar la misma imagen inadecuada, generando un peligro.

La socialización para los niños y adolescentes es el factor principal de su existencia, así que explotarán todas las herramientas a su disposición para asegurar su posicionamiento social, lo que en ocasiones pudiera desembocar en el uso equivocado de su cuerpo y conducta. Es necesario que los padres de familia desarrollen tanto la sensibilidad de sus hijos ante el peligro generado por distintas imágenes personales y comportamientos, como el respeto a su cuerpo, a la par que la capacidad de socializar en forma digna y sana. También es importante supervisar sus mensajes de texto e imágenes vía Internet y celular, y validarlos con afección, comprensión y guía.

Recuerde que al prohibir al adolescente alguno de sus actos, es necesario darle una justificación que describa el riesgo real hacia su vida, pues en caso de que se le dé la impresión de que el motivo del reclamo está en los criterios particulares de sus papás o de que el riesgo no es objetivo ni iguala el beneficio social que pudiera obtenerse, entonces la prohibición será inútil. **Reserva las "batallas" con tu hijo para asuntos realmente esenciales de su seguridad particular**, diferenciando entre lo que es recomendable y lo que es vital para su bienestar.

69. *Grabaciones*

Circunstancia

Un adolescente convence a su pareja de tomar fotos y video en el baño porque es muy bella y que le gustaría tener un recuerdo.

- » ¿Qué tanto se puede confiar en una pareja?
- » ¿La confianza otorgada en tal caso implica que la relación es estable y sólida?
- » ¿Qué momentos íntimos y cotidianos no deben ser grabados?
- » ¿Se puede confiar en que el material no será difundido si dice que es sólo un juego y que luego borrará las imágenes o que las guardará en privado?
- » Si por medio de la difusión de videos íntimos o haciendo algo ridículo muchas personas han ganado fama y aceptación social, ¿por qué no hacerlo?

BASE DE CONOCIMIENTO

Realidad.

Lindsey Boyd tenía 14 años cuando viajó supervisada a Florida con sus amigos en un viaje de vacaciones de *spring break*. Accedió a enseñar sus senos a un hombre que portaba una cámara de video, pero no tenía idea de que la imagen se vendería a *Girls Gone Wild*, así que terminó en la televisión y los anuncios en línea, así como en la portada del video. "Es una locura. No puedo creer que ya tengo 27 años, un bebé, un marido y una carrera", dijo Boyd. "Sólo quiero decir que una decisión estúpida ha cambiado mi vida por completo. Ya sea que haya aprobado hacer eso o no tenía 14 años de edad, era una niña". Boyd cambió de escuela secundaria tres veces después de que la foto fue hecha pública y su reputación aún sufre.[108]

Realidad.

El rapero 50 Cent publicó el video de una mujer teniendo relaciones sexuales con él sin su permiso, algo que hacía como parte de una "guerra de rap" contra su examante y rival Rick Ross. La mujer lo demandó, reclamando angustia mental y emocional, después de que el video editado se puso en línea y consiguió 3.2 millones de reproducciones. 50 Cent negó ser responsable de la exhibición del video.[109]

Perspectiva.

Exista consentimiento o no, la grabación de actos íntimos obedece en primer término a alimentar el ego. No es como documentar un viaje de vacaciones o el ambiente de un evento social. No debemos permitir que sea grabada cualquier imagen cuya difusión no nos agrade de antemano, no importa quién sea la otra persona y qué dice para tratar de convencernos. Así mismo, socializar con gente que busca ese tipo de situación, o estar bajo la influencia de alguna sustancia va a disminuir nuestra capacidad de razonar y resistir la propuesta.

70. *Amistad por Internet*

Circunstancia

Una persona manda una petición de amistad para platicar vía Internet (por ejemplo, Messenger, red social, chat, correo electrónico).

» ¿Qué es una amistad verdadera?
» ¿Qué es un extraño y cómo debemos cuidar nuestra privacidad ante gente extraña?
» ¿Cómo se valora la calidad e intención de gente que se acerca en un ámbito social personalmente o en forma virtual?
» ¿Cuáles son los riesgos que se corren al responder la solicitud de amistad a una persona desconocida, aunque parezca bonita, inocente, o que tenga amistades o conocidos en común?
» ¿Como debemos presentarnos y socializar en forma responsable en el ámbito virtual (Messenger, chats, páginas personales, comunicación vía celular, incluyendo mensajes de texto e imágenes, difusión de videos, etcétera)?

BASE DE CONOCIMIENTO

Realidad.

Asesinan a jovencita que fue citada mediante Facebook. "Ella chateó un buen rato con alguien, pero no conocemos su identidad. Luego, de manera sobresaltada, salió a cumplir una cita. Dijo que regresaría pronto, pero no volvió", afirmó uno de sus familiares, quien agregó que ese encuentro se habría pactado a través de la red social. El cuerpo fue hallado semidesnudo en un paraje solitario y oscuro de la urbanización cercana donde vivía con sus padres, "No entendemos quién pudo cometer semejante canallada contra una persona indefensa, con una niña", afirmó un habitante de este barrio que, al detectar el cuerpo sin vida, dio aviso a la policía.[110]

Realidad.

Un británico fue condenado a 14 años de prisión por hacerse pasar por el ídolo adolescente Justin Bieber y persuadir a menores por Internet de que le enviaran imágenes y videos realizando actos sexuales. Según informan medios británicos, Robert Hunter, de 35 años, fue detenido después de que una joven de Tasmania (Australia) denunciara los hechos y se encontraran hasta 800 videos de menores que el británico guardaba en su casa en Inglaterra. Tras ser acusado, Hunter se declaró culpable de los 15 cargos de los que fue acusado, entre ellos incitar a un menor a participar en actividades sexuales a través de Internet. Según la investigación, el delincuente pasó varios años convenciendo a cientos de niños de todo el mundo que le enviaran material sexual o que se desnudaran para él ante la cámara del ordenador. En una ocasión, una niña de 12 años llegó a autolesionarse de gravedad después de que el falso Bieber publicara unas fotos suyas en la red social Facebook junto a los verdaderos datos de contacto de la menor. "Este ha sido quizás el peor caso que he escuchado sobre abuso sexual a menores por Internet", dijo el juez. Entre las víctimas había menores de nueve años de diferentes países, como España, Reino Unido, Francia, Italia, Canadá, Serbia y del continente asiático.[111]

Realidad.

Daniel Ávalos López, de 39 años de edad, quien se encuentra arraigado acusado del delito de violación, se valió de la red social para engañar a una estudiante de secundaria, de 14 años de edad, haciéndole creer que él era un joven de 16 años y se identificó con otro nombre para ganarse su confianza. La comunicación a través de la red social se mantuvo al grado de que el hoy arraigado logró obtener información del entorno familiar y escolar de la menor y posteriormente tuvo en su poder fotos de ella desnuda. Luego la amenazó con hacer públicas las fotos si no acudía a un sitio a conocerlo. Ávalos López le dijo a la adolescente que les haría llegar las imágenes a su familia y a sus compañeros de escuela, por lo que ella accedió, pero al conocerlo se sorprendió al comprobar que la persona con quien mantuvo una comunicación por medio del Facebook en realidad era un adulto y no un joven de 16 años. El sujeto llevó a la menor a un motel de la ciudad, en donde la obligó a sostener relaciones sexuales con él. Días después la volvió a citar, pero ella no le contestaba, por lo que le dejó mensajes amenazantes, incluso llegó a decirle que si no accedía a verlo de nuevo mataría a sus padres y a su hermano, además de enviarle la fotografía de una pistola. La menor, temerosa de que el hombre cumpliera la amenaza, decidió contarle todo a su madre, quien presentó una denuncia y se montó un operativo policíaco para lograr detener a Ávalos López al momento que este acudió al lugar en donde supuestamente la menor había accedido a encontrarse nuevamente con él. Luego de que se conociera su detención salieron a relucir más víctimas. La titular de la Agencia del Ministerio Público informó que hasta la fecha se han recibido tres denuncias en contra de Ávalos López y mencionó que no se descarta que pudiera haber otras menores de edad agraviadas por esta persona.[112]

Perspectiva.

Una supervisión adecuada no hubiera dado lugar a la comunicación con una persona extraña, ya sea en persona, por teléfono o virtualmente. Los agresores saben cómo pasar de lo virtual a lo real muy rápido, ganando la confianza, necesidad o curiosidad de su víctima. Por lo tanto, los hijos no deben tener la facilidad de salir sin motivo aparente sin saber a dónde y con quién van y sin la posibilidad de comunicarse con ellos (o viceversa) para asegurar su bienestar. Tanto para un adulto como para los niños la única zona considerada segura es la casa. Aunque la zona residencial esté confinada, aun así es una zona pública y, por tanto, insegura. Finalmente los actos más horrorosos los cometen personas que aparecen como seres humanos comunes y corrientes y no como "monstruos". Esta es el calificativo que les damos al conocer sus actos.

71. *Cámara web*

Circunstancia

El adolescente no se percata que se activó la cámara web.

» ¿Qué se debe hacer al momento de sospechar que la cámara fue activada involuntariamente?
» ¿En qué momentos hay que desconectar la cámara web y cómo hacerlo?
» ¿Hacia dónde hay que dirigir la cámara web cuando no está en uso?
» ¿Qué cosas no es adecuado hacer en un video-chat?
» ¿Qué se debe hacer cuando la otra persona en el video-chat, aunque sea una amistad, te provoca a hacer cosas ridículas o exponer tu cuerpo frente a la cámara?

BASE DE CONOCIMIENTO

Realidad.

Unos mil 800 alumnos de la *Lower Merion School District* recibieron cada uno una computadora portátil con un sistema de encendido remoto de la cámara web. Los responsables del centro afirmaron que el sistema de encendido remoto sólo sería activado si el ordenador fuese robado, lo que no explicaba por qué se habían sacado 30 mil fotos a los chavales cuando estaban en su casa, durmiendo o estudiando.[113]

Realidad.

Un hacker publicó los datos de acceso de 700 videos privados en canales en vivo con detalles de cómo los demás podrían hacer lo mismo. Pronto, otras personas estaban compartiendo y mostrando imágenes de bebés durmiendo en sus cunas o niños pequeños jugando. Un usuario comentó: "Me siento como un pedófilo viendo esto". Como resultado, el fabricante de esas webcams está ahora impedido de referirse a sus cámaras como seguras en el material de marketing.[114]

Perspectiva.

El hackeo es una práctica común también entre adolescentes e instituciones civiles, a veces disfrazada de buenas intenciones y en ocasiones por errores inocentes. Aun sin la necesidad de hackear, por medio del simple convencimiento se puede dirigir una conducta que expone la inocencia en tal forma que podría causar daño a la integridad moral si las imágenes salen al público. La tecnología de transmisión por Internet ofrece muchas ventajas, pero también es una ventana con vista a nuestra privacidad sin saber siempre quién y cuándo nos están mirando. Ya que las imágenes llegan a manos de otra gente, difícilmente será posible prohibir su difusión. En ocasiones las imágenes no representan más allá de una incomodidad, pero en otras podrían ser parte de un esquema de extorsión, secuestro, u ofrecer evidencias de una conducta inadecuada.

72. *Ciberbullying o acoso ccibernético*

Circunstancia

Un adolescente abrió una cuenta personal en las redes sociales por Internet y empezó ligarse con cuentas de otros adolescentes. Pronto empiezan a llegarle mensajes y comentarios sobre su apariencia y cuestionan su orientación sexual, además de hacerle bromas acerca de su familia. Cada vez los mensajes llegan con mayor frecuencia, de más personas y con mayor intensidad, incluso con fotos chistosas (y editadas) de él y sus amigos de escuela y pidiendo que se muera.

» ¿Qué diferencia podría haber entre los ataques potenciales a un niño o una niña, de una u otra región, raza, complexión física o estatus económico?
» ¿Cómo habría que defenderse ante esos ataques?
» ¿Qué hacer si la angustia, la tristeza o depresión no desaparecen y surgen pensamientos suicidas?
» ¿Cómo reaccionar ante amigos que:
    a) También se ríen de ti
    b) Que no te están defendiendo
    c) Que sufren de lo mismo y también piensan en suicidarse?
» Si todos dicen lo mismo, ¿quiere decir que es cierto?

BASE DE CONOCIMIENTO

Realidad.

Nueve suicidios de adolescentes en un año víctimas de *ciberbullying* en una sola red social:

▷ 29 de septiembre de 2012 - Ciara Pugsley, de 15 años. Ciara se suicidó en un bosque cercano a su casa en Irlanda, después de incesante acoso en su página. Los usuarios le escribían "puta" y "fea".

▷ 27 de octubre de 2012 - Erin Gallagher, de 13 años. Erin, otro adolescente de Irlanda, se quitó la vida después de haber sido intimidada en su página. Advirtió a los acosadores anónimos en su página que iba a quitarse la vida, pero las agresiones sobre temas como su peso e imagen no se detuvo.

▷ 11 de diciembre de 2012. Jessica Laney, de 16 años. Jessica, de Florida, se ahorcó después de ser acosada por su peso. Uno de los últimos mensajes hacía alusión a su peso: "Usted tiene ojos bonitos, pero es gorda", "Buenísimo, pero yo soy gorda".

▷ 12 de diciembre de 2012. La hermana de Erin, Shannon Gallagher, de 15 años. Sólo dos meses después de que Erin se suicidara, su hermana mayor se quitó la vida. Ambas asistieron a la misma escuela. Según informes locales, Shannon extrañaba a su hermana. No dejó nota alguna.

▷ Enero de 2013. Anthony Stubbs, de 16 años. Anthony, del Reino Unido, fue encontrado ahorcado en el bosque cerca de su casa. Había estado desaparecido desde Navidad. Hace poco tuvo una hija llamada Lily con su novia, de 18 años de edad. De acuerdo con los indicios Anthony era un padre orgulloso y generalmente con buen humor antes de que desapareciera. Torrentes de burlas aparecieron en las páginas de la novia de Antonio y de su primo.

▷ 7 de abril de 2013. Joshua Unsworth, de 15 años. Joshua se ahorcó en el jardín de la casa de campo de su familia en Inglaterra. Presuntamente fue intimidado durante los meses previos a su suicidio, con comentarios anónimos burlándose del trabajo de su padre, llamándolo "agricultor". Joshua rutinariamente se defendió en su página contra los acosos. "¡Nadie te quiere!", "Déjame que te cuente que en este tiempo he aprendido que las palabras son así, sólo palabras, así que lo que su desgraciada vida piensa de mí no me importa".

▷ 15 de julio de 2013. Daniel Perry, de 17 años. Daniel, de Escocia, saltó desde un puente local después de haber sido chantajeado por medio de Skype. Fue acosado con frecuencia en su página, con comentarios que le pedían que se matara y que debía cortarse el cuello. Luego fue engañado por alguien que simuló ser una niña de su misma edad y luego extorsionarlo por acosadores anónimos con la captura de las imágenes en su pantalla.

▷ 02 de agosto de 2013. Hannah Smith, de 14 años. Hannah fue encontrada ahorcada, por su hermana. Hannah lucharía rutinariamente contra los acosadores anónimos en su página, y en un momento admitió que había intentado suicidarse con anterioridad en el pasado. Hannah recibió tales comentarios como "todo el mundo será feliz si murieras", "bebe blanqueador", "muérete".

⯈ 10 de septiembre de 2013. Rebecca Sedwick, de 12 años. El cuerpo de Rebecca fue encontrado en un silo de cemento abandonado en Florida. Fue víctima de un intenso acoso cibernético en su página. Rebecca fue vista por última vez cuando se fue a la escuela. Un representante de ésta aseguró que la chica nunca se presentó. Algunos de los comentarios que recibió en su página fueron: "A nadie le importas", "De verdad mereces morir".

Perspectiva.

El *ciberbullying* cobra más víctimas cada año, pero como acoso entre niños y adolescentes no es nuevo. Lo diferente es que tiene mayor alcance con relación al acoso tradicional que se hace en la escuela, por ejemplo. El Internet ofrece a los agresores la posibilidad de mantenerse en el anonimato; ejercer el ataque en cualquier momento, de manera masiva y directa al espacio privado de la víctima y con mayores posibilidades de manipularla emocionalmente sin necesidad de asimilar el impacto de sus ataques. Los casos descritos sucedieron en un solo sitio de interacciones virtuales. En realidad no hacen falta plataformas de redes sociales; en ocasiones hasta el correo electrónico o las aplicaciones de chateo por celular son los espacios utilizados para tales agresiones.

No es cuestión de exigir que se legisle en la materia, que se establezcan programas de educación o se pida la restricción de esos foros; al final de cuentas son solamente una herramienta de comunicación. Y como en cualquier tipo de enfrentamiento, insultos y provocaciones hay que enseñar al niño a saber cómo reaccionar. Además, la supervisión sobre el niño requiere de una mayor atención de los papás, pues se trata de conocer su estado mental y los comunicados que envía y recibe en ese ambiente virtual. Si tradicionalmente la preocupación se ha enfocado en conocer a sus amigos y revisar que al regresar no esté lastimado físicamente , ahora se suma el cuidado de su estado emocional y la interacción de mensajes de texto e imágenes en cada uno de los canales de comunicación ofrecidos por todos los aparatos electrónicos que tiene el niño, hasta por los videojuegos con enlace a Internet.

Puerta principal

73. Seguridad de la casa: Acceso

Circunstancia

Antes de salir te percatas de que no encuentras las llaves de la casa o cómo activar la alarma de acceso.

> » ¿Qué tan segura es tu zona para dejar (1) la puerta cerrada sin llave; (2) un poco abierta; o (3) la alarma desactivada?
> » En caso de que decidas dejar la puerta abierta, aunque sea por un ratito, ¿cómo se puede asegurar el acceso por la entrada?
> » ¿A quién hay que avisar en caso de no encontrar la llave o no poder activar la alarma?
> » Al no poder proteger la casa en la forma deseada y haya la necesidad de salir, ¿qué se podría y debería hacer?
> » ¿Es recomendable decidir que siempre haya alguien en la casa para abrir la puerta?

BASE DE CONOCIMIENTO

Realidad.

Otro presunto integrante de la banda de "El Jefe", dedicada al atraco con violencia a casas habitación, fue asegurado por agentes de la Procuraduría de Justicia del Estado. Los detenidos confesaron que se dedicaban a cometer atracos en viviendas de la zona metropolitana. Antes de ingresar a los domicilios los sujetos merodeaban en busca de casas que tuvieran la puerta abierta y entonces entraban intempestivamente portando armas de fuego para someter a los habitantes del domicilio y apoderarse de los bienes. Quedó asentado en la denuncia que el 18 de octubre de 2009 se presentaron en la finca 2494 de la calle Monte Everest, en la colonia La Esperanza, donde llevaron a cabo un robo a mano armada. Luego de que huyeron, el propietario de la casa afectada, Marco Antonio Barreda Villanueva, de 27 años, los siguió en un vehículo, pero "El Jefe" le disparó en el tórax, lo que le provocó la muerte.[115]

Perspectiva.

Este caso presenta dos tipos de inseguridad: la primera es la posibilidad de no poder ingresar a la casa. La otra es el riesgo de atraer y facilitar la entrada de ladrones. Lo común entre los dos es la percepción sobre el concepto de tiempo: la idea de que en el transcurso de "un ratito" no pase nada. Y sí, quizá la mayoría de veces no ocurre algo fuera de lo común. Ante ello surgen las preguntas: y si sucediera algo malo, ¿cómo se complica nuestra situación, y ¿qué tanto hubiera sido mejor dar mayor atención a los actos preventivos?

74. *Seguridad de la casa: Prevención general*

Circunstancia

Antes de salir la familia procura revisar que todos los aparatos electrónicos y de gas estén apagados; que las ventanas queden bien cerradas y como tomar la llave de la puerta.

- » ¿Qué debe ser revisado y qué debemos hacer antes de salir de la casa?
- » ¿Qué hay que llevar siempre al salir de la casa?
- » ¿Habrá diferencia en esas tareas si uno sale por unos minutos o unas horas?
- » ¿Qué hacer para que las tareas de salida sean más fáciles de recordar e implantar? ¿Qué parte está costando más trabajo?
- » ¿Habrá diferencia en las tareas si otra persona se queda en la casa, ya sea porque está durmiendo; que es un niño o adulto mayor, o si está distraída, etcétera?

BASE DE CONOCIMIENTO

Realidad.

Marielena y Rubén son padres ejemplares para sus tres hijos; han aprendido a ser tolerantes con ellos. Como niños se les olvida tener cuidado en apagar los aparatos electrónicos, pero su padre siempre ha estado al tanto de que sus pequeños tengan la mejor precaución para estas cosas. Ya dispuestos a salir, uno de los niños olvida apagar el televisor y la luz de su recámara, mientras que el otro dejó conectado su celular en el baño. Antes de salir los padres tienen la costumbre de revisar que cada uno de los aparatos esté apagado y a punto de salir manda a cada uno de los integrantes de la casa a revisar las habitaciones para dejar todo en orden. Así mismo, las llaves son lo primero que guardan en su bolso.[116]

Perspectiva.

La precaución que toman los papas está muy bien, además están dando un buen ejemplo a sus hijos. Sin embargo, constantemente hay que recordarles lo mismo;

es decir, que en tanto sus hijos no asimilen la seriedad del asunto no deben confiarse en que van a seguir las instrucciones cuando estén solos, por lo cual hay que modificar la forma en la que lo están enseñando.

75. *Trato con personas extrañas: Oficial*

Circunstancias

Un trabajador (electricista, de telefonía o empresa de gas) toca la puerta. Solicita que lo dejen entrar para chequear algo.

Dos personas (uno con traje y corbata y otro con uniforme de policía) tocan la puerta diciendo que vienen con una orden del juez.

> » ¿Quién es una persona ajena?
> » ¿Cuándo abrir la puerta?
> » ¿Cuándo permitir que alguien entre a la casa?
> » ¿Qué hacer si te exigen abrir la puerta?
> » ¿Qué hacer si la persona no se retira de la puerta o si adviertes que sigue cerca?

BASE DE CONOCIMIENTO

Realidad.

Un hombre se hizo pasar por vendedor de cosméticos para engañar a una mujer y abusar sexualmente de ella en el interior de su casa. Abel Velázquez García, de 33 años, le dijo a su víctima que vendía un producto para el tratamiento de la piel y que podía mostrarle su aplicación, para lo cual era necesario hacerlo en un lugar cerrado, así que la mujer accedió y le permitió la entrada al interior de su vivienda, donde unos niños jugaban, pero al sacarlos de ahí Velázquez García cerró la puerta y se abalanzó contra la mujer y la despojó de su ropa. Cuando la víctima opuso resistencia el sujeto fingió traer un arma, por lo que guardó silencio; sin embargo no resistió mucho tiempo y empezó a pedir auxilio a sus vecinos; el hombre salió huyendo. Al arribar a ese sitio los oficiales organizaron un operativo de búsqueda por la zona y localizaron al agresor a dos cuadras de donde había cometido su ataque. El hombre fue plenamente identificado por su víctima, por lo que fue detenido de inmediato. Al realizarle una revisión precautoria encontraron un condón y un envase de plástico de color azul, el cual utilizó para engañar a su víctima. El hombre fue puesto a disposición de las autoridades correspondientes, en espera de resolver su situación jurídica, mientras que la víctima interpondrá una denuncia en su contra.[117]

Perspectiva.

Varios puntos:

1. Un delincuente sabe cómo ocultar su identidad, de manera que esto le ayude a cometer el asalto. En este caso, por ejemplo, suena lógico que una demostración de productos cosméticos deba hacerse en un lugar privado y cómodo, y no parados en la entrada de la casa. Normalmente el delincuente toma la identidad de una figura de autoridad para ejercer presión psicológica sobre su presa (por ejemplo, representante de un servicio público con una orden de revisión o cateo, o con una urgencia que requiere entrar a la casa y revisar las instalaciones), o se presenta como un prestador de un servicio que las personas normalmente requieren.

2. Nunca hay que permitir estar en un lugar cerrado con una persona que no conocemos o en la que no confiamos totalmente.

3. Por cuestiones de prevención, ante las actitudes de una persona extraña la presencia de niños es una distracción y un elemento probable de que el nivel de peligro en un asalto escale.

4. Ante la presencia de una persona extraña, además de un proveedor de servicios, es recomendable manejar la interacción con la presencia de otras personas (adolescentes y adultos). Si esta persona desea aislarnos normalmente es con la intención de debilitarnos tanto física como intelectualmente, alejándonos de la influencia y comentarios de nuestros conocidos, lo que puede resultar contraproducente frente a sus intenciones de manipularnos.

5. En un asalto mientras el agresor no muestre un arma hay que entenderlo como que trata de evitar un enfrentamiento más agresivo, por lo cual representa una oportunidad de tratar de salvar nuestra integridad física, salvo que haya una amenaza adicional a otros seres queridos.

6. Quedarse en silencio durante una amenaza no significa permanecer congelados sin intención de protegernos. Así mismo, también debe evaluarse cuál es el riesgo real que enfrentamos frente a la posibilidad de ser rescatados por gente cercana al pedir auxilio.

7. Ante cualquier tipo de asistencia que uno requiera (no sólo en un asalto), al pedir apoyo, hay que dirigirlo de manera directa hacia la persona a quien se lo solicitamos y ser explícitos acerca de lo que necesitamos en

ese momento. Esto incrementa la posibilidad de obtener una respuesta favorable. Cuando hay otras personas cerca no hay que esperar que tome en cuenta que necesitamos su apoyo o la iniciativa de apoyarnos.

76. Trato con personas extrañas: Falsa identidad

Circunstancia

Una persona que simula ser conocida de la familia desea entrar y platicar.

» ¿Cómo identificar atrás de la puerta que realmente se trata de un familiar?

» ¿Qué tipo de pretextos y qué tácticas puede utilizar una persona con mala intención para engañar al niño al abrirle la puerta?

» ¿Qué se debe hacer en caso que el niño (1) tenga duda, (2) se sienta presionado, o (3) al compruebe que no es una persona confiable?

» ¿En qué forma debe dialogarse con la persona cuando uno está atrás de la puerta? ¿Cuánto tiempo y qué tipo de información se puede divulgar y cuál no?

» ¿En qué momento es correcto abrirle la puerta, aunque sea para verificar su identidad o recibir algo?

BASE DE CONOCIMIENTO

Realidad.

Gloria González Gordillo fue detenida por la policía luego de desaparecer por varias horas con 2 niñas, de 2 y 6 años de edad, además de llevarse algunos objetos de valor. Ella trabajaba como niñera en una vivienda de La Punta. Apenas notaron la ausencia de sus hijas, sus padres denunciaron el hecho. Después de 4 horas la niñera apareció con las pequeñas, quienes no mostraron algún tipo de maltrato. González declaró a la policía que un hombre llamó por teléfono a la casa y se hizo pasar por el padre de las niñas, pidiéndole que saliera de la casa con las menores, además de llevarse una laptop, una cámara fotográfica y otros equipos de valor, los cuales, aseguró, entregó a quienes pasaron a recogerla en un auto. La policía investiga el hecho.[118]

Perspectiva.

Es un reto encontrar el equilibrio entre comodidad y seguridad. Por más medidas de prevención que podamos tomar, en ocasiones debemos utilizar el servicio de otras personas y confiar en ellos, tales como médicos, contadores, abogados, personal doméstico, plomeros, etcétera, cualquier actividad que nosotros no podemos hacer por cuestiones de conocimiento o de tiempo. Sin embargo, al principio no basta con evaluar a una persona y la relación con esta, ya sea laboral o personal; hay que considerar cualquier tipo de anomalía e irregularidad en su conducta o los elementos que pudieran modificarla, tomarlos en cuenta no necesariamente para romper la relación, pero sí darle la atención adecuada.

Quizá no pueda precisarse el tipo de engaño que los delincuentes suelen realizar, pues constantemente modifican sus tácticas. No obstante, la experiencia indica que la base de sus operaciones es aprovechar: (1) la inocencia de la gente y su inclinación a evitar el enfrentamiento o refutar de frente las ideas que se les presenta; (2) la falta de comunicación con sus seres queridos o jefes; (3) la facilidad de presionarla y someterla al intentar manifestarse como alguien con autoridad; (4) confundirla al sacarla de sus hábitos y tareas cotidianas. Si se atiende lo anterior y se habla de qué hacer en cada caso se podrán enfrentar con éxito la mayoría de los intentos de engaño.

En la práctica, al momento de ocurrir algo con el riesgo de poner en peligro la vida de alguien, e incluso pese a que no haya evidencia tangible de una situación de peligro, la pura sospecha debe obligarnos a enfrentarlo como una situación de urgencia y reaccionar en consecuencia. En el peor de los casos no ocurría nada, pero las precauciones servirán para demostrar la seriedad con la que enfrentamos la situación, a tal grado que la próxima vez incrementaremos las medidas precautorias y nuestra consideración ante la sensibilidad y el peligro.

77. *Trato con personas extrañas: Prestador de servicios*

Circunstancia

Un prestador de servicios toca la puerta o una persona llega a entregar un paquete (por ejemplo, la correspondencia, comida, etcétera).

- » ¿Bajo qué circunstancias hay que abrir la puerta, y a qué procedimiento recurrir para no poner en peligro el sentido de seguridad?
- » ¿Cuál es la forma adecuada y segura de recibir un paquete, firmar de recibido, o pagarlo, aunque se trate de una propina?
- » ¿Qué hacer si no se esperaba la visita de un prestador de servicios o la entrega de un paquete?
- » ¿Cómo verificar la identidad de la persona?
- » ¿Qué se debe hacer al abrir la puerta y la persona entre a la casa (1) con o (2) sin permiso, y (3) al momento de percibir un peligro?

BASE DE CONOCIMIENTO

Realidad.

Una mujer de 50 años fue violada tras un robo en su casa, ubicada en el barrio porteño de Núñez, donde se encontraba junto a sus dos hijas. Por este delito fue detenido un adolescente de 17 años, identificado por las jóvenes, informaron fuentes policiales. El hecho ocurrió en la vivienda situada en la calle Grecia 4700, frente a la estación Rivadavia del exferrocarril Mitre, cuando el agresor, quien trabaja como repositor en un supermercado del barrio, logró saltar el portón de entrada y se introdujo a la casa. Al entrar se encontró con las hijas, de 20 y 21 años, que estaban en la planta baja, a las que amenazó de muerte simulando tener un arma y les exigió la entrega de dinero y objetos de valor, por lo que las chicas le dieron sus celulares. En la parte superior de la propiedad descansaba la madre de las chicas, pero al escuchar ruidos se despertó y bajó a ver lo que ocurría, pero el delincuente también sometió a la mujer y le exigió más pertenencias, y pese a ya tenerlas en su poder obligó a las hijas a encerrarse en una de las habitaciones y violó a la madre, relataron fuentes policiales.[119]

Perspectiva.

En la casa debe encontrarse el equilibrio entre seguridad y comodidad para generar un estado razonable de tranquilidad. Las medidas de seguridad deberían basarse en lo que la realidad del ambiente ofrece y no por arquetipos como el tipo de gente que vive en la zona o cuestiones arquitectónicas. El concepto de comodidad varía según la persona, que debería saber qué hacer ante una situación de agresión.

78. Saliendo de casa sin avisar

Circunstancias

Afuera se escucha el carrito de los helados y el niño sale corriendo.

Afuera se escucha que varios niños se agruparon (para jugar o pelear), y el niño sale por curiosidad sin avisar a su mamá.

» ¿Qué se debe hacer antes de salir de la casa en caso de que haya o no otra persona allí?
» ¿Qué tipo de anuncios o sonidos son confiables para acercarse y cuáles no?
» ¿Cuál es el trato adecuado con el anunciante?
» ¿Qué hacer en caso de tener dudas sobre el trato de tal persona?
» ¿A qué distancia alguien puede alejarse de la casa y por cuánto tiempo?

BASE DE CONOCIMIENTO

Realidad.

En la colonia Las Águilas es muy común que el carrito de helados pase, siempre tocando la campana para no perder la costumbre. En dicha colonia vive la familia Salcedo, que frecuentemente compra helado para sus hijos. Uno de tantos días los papás salieron, y los hijos mayor y menor se quedaron en casa. Diego, el mayor, lógicamente carga con la responsabilidad cuando sus padres están ausentes. Le dejaron dinero para que cuando pasara el señor de los helados comprara, pero al menor se le hizo fácil tomar el dinero de la mesa y salir corriendo al momento de escuchar el carrito de los helados. Salió sin precaución y al momento de cruzar la calle una bicicleta lo aventó.[120]

Perspectiva.

La costumbre y frecuencia con que se trata a una persona, en este caso a un vendedor, no significa que sea una persona confiable. Quizá se puede confiar en la calidad del producto y servicio, pero no por ello debemos otorgarle nuestra absoluta confianza, por ejemplo al momento de atender a un niño sin la presencia de sus papás.

En cuanto al menor, ni la edad ni el género de los niños nos garantiza cierto sentido de responsabilidad, capacidad de cuidar a otros menores y habilidad de prevenir y reaccionar ante una urgencia. Cada persona es distinta, por lo que debemos evaluarla para otorgarle de forma gradual distintas responsabilidades o expectativas. Asimismo, debemos supervisar los movimientos de un niño pequeño, y no confiar en que siempre estará en su estatus más seguro, como es la casa o cerca de su familiar. Consecuentemente, podemos pensar que todavía no existe la posibilidad de que el niño enfrente cierto tipo de peligro porque siempre está supervisado. Sin embargo, debemos ser objetivos y considerar que, si por cualquier situación, llegara a encontrarse solo cuál será su capacidad de reaccionar y manejar la situación. Este es el objetivo de la enseñanza de este libro: preparar a los niños a enfrentarse a un momento de peligro en el cual, intencionadamente o no, se enfrenten a una situación de peligro.

79. *Seguridad de la casa: Sospecha de robo*

Circunstancia

Al entrar en la casa se encuentra el desorden.

- » ¿Qué debemos revisar primero?
- » ¿Qué cosas pueden tomarse?
- » ¿Qué cosas no deben ser tocadas?
- » ¿A quién hay que recurrir vía telefónica si uno se encuentra solo (a qué medio, números telefónicos y en qué orden de prioridad)? ¿Cómo referirse a lo ocurrido?
- » ¿Qué hacer mientras llega un familiar? ¿Cómo proceder si la policía u otras personas llegan antes?

BASE DE CONOCIMIENTO

Realidad.

Eduardo, habitante de la colonia San Pedro Barrientos, del municipio de Tlalnepantla, destacó: los ladrones han entrado a mi casa, lo bueno es que nadie de la familia ha estado cuando sucede este ilícito, nos han quitado dinero en efectivo, joyas, un sin fin de cosas pequeñas, pero muy valiosas.[121]

Realidad.

Asesinan en Polanco a empresario judío e hija. Aparentemente alguien entró a robar a su domicilio, pero fue descubierto por el empresario, de 60 años, y por su hija, de 22. Fue entonces cuando los mataron. El hijo del empresario llegó al departamento, cerca de las 21 horas. y encontró todo en desorden: las puertas de las habitaciones estaban cerradas; algunos cajones, abiertos… todo revuelto. Cuando abrió las puertas de las recámaras encontró que en una de ellas estaba su papá sin vida; y en la otra, su hermana. Las autopsias practicadas revelaron que alguien los mató con un cuchillo desde la noche del viernes.[122]

Perspectiva.

Las cosas valiosas hay que guardarlas bien; es decir, de forma organizada, con seguridad, y de preferencia en diferentes lugares de nuestro espacio privado, tal como la recámara. Así se minimiza la posibilidad de pérdida y se mejora la capacidad de calcular su costo real, al intentar recuperarlas o compensarlas.

Si intentamos auxiliar a una persona herida debemos capacitarnos en las disciplinas básicas de los primeros auxilios y prepararnos ante diferentes situaciones extremas, ya sea por la gravedad de la lesión o por conocer a la persona lesionada, dejando de lado la sorpresa, la escena o vínculo personal; debemos enfocarnos en lo esencial: ofrecer apoyo de la mejor forma posible, en lugar de caer en estado de *shock*.

Al no contar con testigos, en el segundo caso, se desconoce si el homicidio fue producto de la falta de "cooperación" de las víctimas o si el agresor llegó con el propósito de robar y asesinar, o que por la sorpresa de encontrar a los residentes en el domicilio la situación se transformó en un enfrentamiento físico. Actualmente los rateros asesinan sin pensarlo dos veces ante cualquiera actitud que consideren retadora. Por lo tanto, cuando la situación se traduce en sólo una pérdida de valores hay que demostrar cooperación, mostrar cierto "respeto" ante los asaltantes. No obstante, cuando es evidente que la vida está en peligro, no por un acto de coraje o por presunta oportunidad, debemos defendernos de manera tajante para intentar desarmar por completo el agresor.

Llamadas telefónicas

80. Trato con personas extrañas: Engaño

Circunstancias

Una persona, representante de una organización, solicita datos personales.

> » ¿Qué tipo de información es considerada como personal y/o confidencial?
> » ¿En qué momento y a quién debemos entregar tal información, o una parte de ésta? (en dado caso, ¿cuáles datos?)
> » ¿Qué hacer cuando una persona solicita tal información?
> » ¿Debemos dar esta información a una persona conocida? Si es conocida, ¿cómo es que desconoce estos datos?
> » ¿Cómo negar en forma cordial la intención de obtener esa información, y qué hacer cuando a otra persona insiste?

Una persona recibe un mensaje fraudulento sobre un premio.

> » ¿Cuál es el riesgo al responder ese tipo de mensajes?
> » ¿Existe el concepto "ganar sin esfuerzo"? ¿En qué circunstancias?
> » ¿Cuáles son los métodos convencionales de ganar un sorteo?
> » ¿Cuáles son las formas confiables de ser avisado y de recibir un premio?
> » ¿Qué se debe hacer si existe la duda sobre la legitimación del mensaje mientras que también existe el deseo de no perder la oportunidad de recibir el premio?

BASE DE CONOCIMIENTO

Realidad.

Cosa de todos los días en México: Israel González Trujillo dice: "Llegó a mi celular un mensaje: 'Felicidades, ganaste un auto 2011. Comunícate con el licenciado *Fulanito de Tal* para reclamar tu premio. Después llamaron a la empresa donde trabajo; un supuesto *Z* pedía $ 30,000 pesos mensuales por dar protección. Habló con el gerente y quedó en mandar a una persona para negociar, la cual nunca llegó. La protección que ofrecía esta persona era como pagar una renta por operar". Las extorsiones por teléfono casi siempre son originadas desde cárceles del Distrito Federal.[123]

Realidad.

Los datos de la PGJDF indican que más de 90 por ciento de las extorsiones telefónicas se realizan desde teléfonos celulares que se introducen a los distintos penales, principalmente del Distrito Federal y del Estado de México. Respecto a la mecánica utilizada por los extorsionadores para cometer sus delitos, la más común es la de los mensajes vía celular, con intimidaciones o promesas de premio a cambio de depósitos en efectivo. En total se registraron 35 mil 286 casos de este tipo. La llamada telefónica que advierte del supuesto secuestro de un familiar, en la que piden un rescate a cambio, es el segundo engaño más común al que los extorsionadores recurren, y de éstos se registraron 20 mil 664 casos. Otro mecanismo muy común, con 12 mil 139 reportes, es aquel donde se engaña a las personas diciéndoles que ganaron un premio y se les pide realizar un pago para dar inicio al trámite.[124]

Perspectiva.

Continuamente escuchamos en los medios de comunicación o por medio de amistades de tales engaños. Sin embargo, siendo tan atractivo el supuesto premio en muchas ocasiones la gente prefiere arriesgar su propia seguridad para no perder la oportunidad de obtenerlo. La comunicación es vía telefónica; o no existe cercanía personal con quien envía el mensaje; es decir, en teoría no existe un peligro real, pero es todo lo contrario: Al momento de establecer el contacto, éste, en tal caso, será un respuesta para el delincuente quien sabrá cómo manipular a la víctima y adecuar la situación a su beneficio. A partir de entonces muchas cosas pueden suceder en cuanto a la agresión o a los riesgos en los que nos involucramos. Este es el riesgo real. Con base en el ambiente actual, una medida básica de protección es considerar si uno tomó la iniciativa de participar en un sorteo o no. Entonces, cualquier mensaje de supuesta ganancia es poco confiable. Y si se participa en un sorteo debemos preguntar en qué medio y forma se dará el aviso y se entregará el premio.

81. Trato con personas extrañas: Información privada

Circunstancia

Una persona conocida pide los datos para localizar a un familiar que se encuentra fuera de casa.

- » ¿En qué circunstancias la información puede ser revelada?
- » ¿Cómo saber si es una persona conocida y autorizada?
- » ¿Qué hacer si es una urgencia y aún existe la duda sobre la identidad o intenciones de la persona?
- » ¿Qué hacer si se habla con el familiar para obtener permiso, pero él o ella no contestan?
- » ¿Qué información relevante puede otorgarse sin que exista un peligro a los familiares?

BASE DE CONOCIMIENTO

Realidad.

Alejandro Reynoso es muy amigo de Juan Zambrano. Se conocen desde la secundaria, y ahora cursan la preparatoria. Desde que Alex pisó la casa de su amigo conoció a Sandy, hermana menor de Juan, y desde ese momento quedó tan flechado que trató de conquistarla a toda costa; siempre molestaba a Juan para pedirle el número de celular de su hermana y la dirección de su escuela para poder hablar con ella. Bastante molesto, Juan le pidió que dejara de molestarlo para esas cosas y que dejara de investigar a su hermana, que ella no estaba interesada en él. Así siguió durante un año, investigando datos sobre Sandy; ya se había convertido en una obsesión para Alex, hasta que Juan le puso un alto, pidiéndole que se retirara de su familia.[125]

Perspectiva.

Es un asunto que la hermana deberá resolver, ya que al no dejarla tomar su propia decisión se convierte en una falta de respeto hacia ella, aunque a Juan no le parezca correcta la idea de que Alex y Sandy sean pareja. Ahora bien, si Sandy no expresa ningún interés en el chavo, y se lo hizo saber de forma clara y directa, entonces tal insistencia debe ser considerada como un acoso, por lo que se requiere el apoyo de sus papás. En cuanto a la amistad de Alex y Juan, si éste expresa su molestia a Alex en forma directa, sin que suene como un reto, como parte de un intercambio amigable y éste sigue insistiendo e ignorando la petición de su amigo, entonces Juan deberá dejar de considerar a Alex como un amigo, aclararle que su prioridad es su familia y no dar mayor atención a sus peticiones.

82. Trato con personas extrañas: Conducta amable

Circunstancia

Una persona amable pide al niño que la comunique con un adulto.

» ¿Cómo puede ser identificado nuestro interlocutor? ¿Qué tipo de información debe pedirse a la persona extraña y en qué forma, tomando en consideración distintas actitudes de su parte?
» ¿Cómo dar el recado al adulto sin que la persona al otro lado del teléfono se entere de su presencia?
» ¿Bajo qué circunstancias hay que pasar la llamada si aún no se reconoce a la persona?
» ¿Qué hacer cuando la persona insiste en hablar con un adulto sin identificarse?
» ¿Cuándo debemos seguir dialogando y cuándo hay que colgar el teléfono?

BASE DE CONOCIMIENTO

Realidad.

La familia Quiroz debió salir de urgencia, así que Gustavito, de 13 años, fue el único que se quedó en casa; esperaba la visita de uno de sus primos. De pronto sonó el teléfono y contestó rápidamente, al pensar que era algún familiar; sin embargo, se trataba de un hombre con voz amable, educado, quien pidió que lo comunicaran con alguno de los padres del niño. Gustavo respondió que no se encontraban. Entonces el hombre, sorprendido, preguntó: "¿Entonces quién está contigo? ¿Cada cuándo te dejan solo?" El niño respondió cada una de sus preguntas, debido a que la voz de aquella persona le inspiró confianza, sin que preguntara quién hablaba o para qué tantas preguntas, así que comenzó a darle datos de su familia; se puso a platicar. El hombre pidió que le proporcionara su dirección para poder dejarles un encargo, pero el sujeto nunca se identificó. Dos días después, entraron a robar a esa casa, sin que nadie se hubiese dado cuenta.[126]

Perspectiva.

Debemos evaluar y corregir las formas en las que alguien que conteste el teléfono pudiera ser objeto de un engaño, así como las posibles formas de contestar. Aunque un adulto bien puede ser engañado, ciertas personas, por su temprana edad o por su inocente carácter, serán presa fácil, sin el más mínimo sentido de capacidad para evaluar a la persona que esta llamando y cómo responder con tranquilidad, sin propiciar mayor riesgo. Consecuentemente, la revelación inadecuada de información privada se hace por (1) ignorancia del riesgo; (2) por pena de retar y negar el sentido de la petición de la información; (3) por miedo al rechazo, al no cooperar con la petición; y (4) por no generar una solución creativa al cumplir con la intención principal, sin comprometer la seguridad. Por ejemplo, si la persona que llama dice que le urge comunicarse con los papás, el niño podría pedirle que le explicara de qué se trata el asunto y que vuelva a llamar en unos minutos, mientras intenta ubicarlos e informarles de la llamada.

83. *Trato con personas extrañas: no identificado*

Circunstancias

Una persona habla sin identificarse.

Una persona desconocida hablando con acento extranjero.

» ¿Cuáles son las formas de entender con quién tratamos? ¿En qué momento y forma hay que cortar la comunicación?
» ¿Qué tipo de información puede ser revelada sin preocupación?
» ¿Qué tipo de información merece ser desglosada con cuidado?
» ¿Qué tan confiable es seguir hablando con la persona cuando revela su identidad, y qué repercusiones debe tener lo anterior durante el resto de la conversación?

BASE DE CONOCIMIENTO

Realidad.

En casa de la señora Diana Martínez las llamadas telefónicas se han vuelto el pan de cada día, en especial cuando recibe llamadas de un fulano que no se identifica y sólo le pide datos personales y de sus familiares cercanos. Cierto día, mientras recibía visitas en su casa, atendió una llamada poniendo el altavoz: "Necesito que me pases la dirección del colegio de tu hija Julia;me han pedido llevarle un regalo, pero no puedo informarle más. Las personas que le envían el detalle la han tratado de localizar, pero no han tenido resultado" Sorprendidos, los familiares le pidieron que colgara, y que diera parte a las autoridades para que éstas le pusieran un alto a la situación.[127]

Perspectiva.

La forma de enfrentar este tipo de llamadas es no darle oportunidad a la otra parte de entablar diálogo. Puede ser utilizado un identificador de llamadas, pero más que eso si llega a contestar y escuchar la misma voz hay que colgar el teléfono en ese instante, sin agregar petición alguna (como pedirle que no vuelva a llamar) o provocación (amenazándolo, o ser groseros). Otra opción es filtrar las llamadas

216

por medio de una contestadora automática. Lo importante es no ubicarnos en una situación donde nos sintamos vulnerables al dejar que el desconocido invada nuestra privacidad, aun por medio del teléfono o Internet.

En este caso, al ver que no ha resuelto la situación de las llamadas, Diana hizo lo correcto al solicitar el apoyo de sus amigos. Sin embargo, hubiera sido mejor tomar tal iniciativa apenas empezó la molestia o preocupación, y no esperar a que la llamada del individuo coincidiera con una visita de amigos, pues su actitud es más bien la de una persona que busca con quien expresar sus molestias que buscar a quién acudir para obtener una guía de solución.

Cabe destacar que al solicitar un apoyo todavía debe ser evaluada la eficacia de un consejo, y sentirse con el derecho de rechazar la propuesta en caso de que no sea aplicable. En tal caso, es recomendable no sólo agradecer el consejo y luego no aplicarlo, sin dejar de manifestar tu punto de vista y sostener un intercambio de ideas y dudas hasta encontrar la solución idónea, o por lo menos que todas las opciones y consecuencias que hay en cada reacción sean expuestas. En este caso, el consejo que le dieron fue muy válido.

84. Agresión verbal

Circunstancia

Una persona empieza a expresarse de forma agresiva.

> » ¿Qué es agresión verbal?
> » ¿Cómo intentar tranquilizar verbalmente a una persona agresiva?
> » ¿Cómo responder a una actitud irrespetuosa?
> » ¿Cuál será la consecuencia de colgar el teléfono o darle la espalda a una persona agresiva?
> » ¿Cuál es el objetivo principal al encontrarnos con una persona agresiva?

BASE DE CONOCIMIENTO

Realidad.

Una célula delictiva fue detenida al estar vincula con los delitos de extorsión, delincuencia organizada y posiblemente homicidio. Los inculpados señalaron formar parte de "La Familia", quienes además empleaban a una menor de 14 años para que recogiera el dinero producto de una serie de amenazas realizadas vía telefónica en la zona oriente del Estado de México. La víctima declaró que comenzó a recibir llamadas intimidantes desde los primeros días de mayo, en las cuales se le exigía dar una importante suma de dinero a fin de no privarla de la vida, tal y como sucedió con su pareja sentimental. Los presuntos responsables utilizaban el número telefónico registrado a nombre de un juez del registro civil, a quien le quitaron su equipo de telefonía celular una vez que había fallecido.[128]

Perspectiva.

Con base en las tácticas que actualmente aplican los delincuentes, es recomendable colgar el teléfono al momento de identificar que la llamada es con tono amenazante. No hay que dejar que finalice la descripción de la amenaza. Posteriormente debemos avisar a las autoridades y durante unas semanas filtrar las llamadas entrantes por medio de una contestadora. Si las llamadas intimidantes persisten es menester cambiar de número telefónico (Más consejos en situación No. 10).

85. *Agresión verbal potencial*

Circunstancia

Al contestar el teléfono se percibe un silencio.

> » ¿Cómo debemos responder a tal silencio? ¿Qué tan cordial y qué tan agresivo debemos ser?
> » ¿Qué hacer si persisten tales llamadas?
> » ¿Cómo superar la angustia que genera la llamada en el sentido de interpretarla como una amenaza potencial o una burla?
> » Si existiera la forma de rastrear el número, ¿es recomendable llamar inmediatamente después, en otra hora o día para descubrir y enfrentar a la persona?
> » Si existe la duda de que es una persona conocida con intención de molestar o con problemas de conectividad, ¿cómo hay que atender la llamada? ¿Qué información hay que cuidar para no exponernos al tratar de descubrir la identidad de la persona?

BASE DE CONOCIMIENTO

Realidad.

Nadia Galicia es ama de casa. Cuando su familia sale a sus labores cotidianas prácticamente queda sola en la vivienda. Después de concluir con sus tareas tomó un descanso en la sala, prendió el televisor y se quedó un rato viendo un programa. Instantes después suena el teléfono y se levantó a contestar, pero un silencio invadió el otro lado de la bocina. Preguntó nuevamente: "Bueno, ¿quién habla? Bueno, quién habla?", pero no hubo respuesta. Colgó el teléfono y por segunda vez volvió a sonar, recogió la bocina y al preguntar de nueva cuenta: "¿Quién es?... Dejen de hacerse los chistosos y díganme quién habla", pero no le respondieron.[129]

Perspectiva.

Como se mencionó en los comentarios de las situaciones anteriores, no hay que alargar la respuesta a una provocación, porque esto demuestra debilidad. Más que nada, cuando no es una amenaza, pero sí una provocación o una molestia debemos cortar la comunicación lo más pronto posible y demostrar que aparentemente no estamos afectados ante la mala intención. Con dos veces que preguntemos despacio "¿quién es?", es más que suficiente. Aunque haya problemas en la línea, con decir algo más no vamos a lograr algo más que ponernos a la defensiva por nuestra propia imaginación.

Trato con personas cercanas

86. Ser testigo de un peligro potencial

Circunstancias

A la mitad de la noche el niño detecta un ruido extraño en la sala.

En la noche de un campamento un joven observa a la distancia a unos adolescentes desconocidos metiendo la mano en el equipaje del grupo.

» ¿Qué es un ruido "extraño" en términos de un peligro potencial y del tiempo que dura?

» ¿Qué es más recomendable: verificar la fuente del ruido, despertar a los papás, buscar a los hermanos, o quedarse quieto?

» ¿Es recomendable tener un arma a la mano? ¿De qué tipo? ¿Cuáles son los riesgos si no sabe manejarla bien o enfrentar una situación tensa?

» ¿Cómo deberían ser enfrentadas las dos situaciones? ¿Cuál sería el peligro de la reacción recomendada si además no se alcanza a reconocer los hechos o a las personas involucradas?

» ¿Qué hacer si se llega a detectar a un extraño en un lugar donde no debería estar presente?

BASE DE CONOCIMIENTO

Realidad.

Son las 2:00 de la mañana, hora en la que todos deben estar en su mejor sueño. Al menos en casa de la familia Sánchez así parece, a excepción de Camila, una pequeña de 12 años que despertó para tomar agua, un poco adormilada, y se dirige al baño que está a unos cuantos pasos de su recámara. Al momento que abre la puerta escucha un ruido extraño proviene del espacio de la sala, como si una caja hubiese caído. Asustada, la niña no se movió de la puerta y volvió a escuchar otro ruido más fuerte, así que se dirigió a la recámara de sus papás sin hacer tanto ruido y les comunicó lo que estaba pasando. El papá bajó con mucho cuidado. Con un fierro en la mano prendió la luz, vio la sombra de una persona tratando de esconderse, alzó el fierro y dirigiéndose al lugar dio un golpe al suelo. Fue así como salió esta persona, un conocido de la familia, el cual estaba por robarles.[130]

Perspectiva.

La casa es un tipo de castillo, donde el sentimiento de vulnerabilidad no se basa tanto por los ruidos que se escuchan, por la hora, o por la edad o género de la persona alterada. En cambio se torna en un sitio vulnerable ante la posibilidad de enfrentar un peligro en el lugar donde debemos sentirnos más protegidos, por lo cual el impacto, el trauma que se genera en un robo, o la intención de, es mucho mayor que la posible pérdida económica o el enfrentamiento con el agresor.

La niña tomo la acción correcta, en tiempo y forma, cuando avisó a sus papas del ruido. En cuanto a la reacción del papá, hago hincapié en que no hay que tomar un arma sin intención real de usarla hasta las últimas consecuencias, considerando que en momentos de tensión podríamos hasta matar a una persona por accidente sin justificar el nivel de agresión. Por otro lado, hay que considerar que se puede elevar el nivel de enfrentamiento y el riesgo a terceros si el agresor considera que la víctima trae un tipo de arma no sólo para defenderse, sino para iniciar un ataque. ¿Crees que si a la distancia se sospechaba que era una persona conocida que comete un delito se hubiera acercado en forma menos agresiva? Tales casos nos hacen pensar qué tan confiable es la gente cercana y en qué momento hay que dejar de darle el "beneficio de la duda" cada vez que pasa algo raro, únicamente para conservar la unión de la familia a toda costa.

87. *Acoso sexual: Contacto leve*

Circunstancias

El niño se siente incómodo al ser tocado de forma extraña por una persona conocida.

- » ¿En qué parte del cuerpo hablamos de un "toque" inadecuado?
- » ¿Cuáles son las partes del cuerpo adecuadas para ser tocadas que pueden convertirse en inadecuadas, dependiendo la forma en que se haga (tiempo, frecuencia, ocasión, presión, extensión o modo de ser tocado)? Por ejemplo, un beso de saludo, un abrazo, una mano sobre la pierna.
- » ¿Cómo enfrentar a la persona al momento de sentirse incómodo?
- » En un contacto físico, ¿cuál es la diferencia entre un juego, abuso, felicitación, caricia, cariño y afección si lo realiza otro niño, un familiar (hermanos, papás, abuelos, tíos, vecinos), hombre o mujer?
- » ¿Qué hacer si la persona intenta convencernos de que es una expresión de cariño o empieza a amenazar?

El niño se siente acorralado al ser presionado a tocar el cuerpo de alguien.

- » ¿Qué significa "ser íntimos" con alguien, física y emocionalmente, en sentido sano? ¿Cuál es la ocasión adecuada?
- » ¿Qué hacer si se siente atrapado en un lugar donde no hay más gente?
- » ¿Qué hacer si hay otras personas allí que no se dan cuenta, y existe la pena o el miedo de pedir apoyo? ¿En qué forma se puede pedir apoyo o aprovechar la posible atención para evadir el abuso?
- » ¿Cómo salir de una situación donde hay otras personas que están motivando esta conducta? ¿En qué momento hay que interpretar la interacción como una agresión o asalto y no como un juego con buen sentido del humor? ¿En qué forma y nivel de agresión se considerará como defensa personal?
- » ¿Qué hacer si la otra persona trata de convencer que es "normal" un juego, cariño o enseñanza?

El niño trata de rechazar saludos que no son de su agrado.

- » ¿Cuáles son los saludos adecuados en distintos encuentros y distintas personas?
- » ¿Cómo poner un alto y enfrentar a la persona que saluda inadecuadamente?
- » ¿Cómo saludar en segunda ocasión a esa persona abusiva?
- » ¿A quién al niño no le gusta saludar? ¿Qué relación y trato hay entre el niño y esas personas?
- » ¿Qué tipo de saludos no le agradan y cuáles el niño considera como cariño, complemento o atención?

El niño se encuentra aterrorizado ante la presencia de un adulto conocido.

- » ¿En qué momento una persona de confianza deja de serlo?
- » ¿Cuándo una persona merece una segunda oportunidad?
- » ¿Qué significa el término "Seguridad personal" cuando estamos cerca de gente conocida?
- » ¿Cómo se expresa y justifica un miedo o malestar?
- » ¿Qué es un "maltrato" entre amigos, familia, maestros, jefes, vendedores, gente desconocida, etcétera?

BASE DE CONOCIMIENTO

Realidad.

El abuso sexual infantil lo cometen personas mayores que manipulan los genitales o regiones sexuales de los menores sin su consentimiento. El agresor puede ser un amigo o integrante de la familia. Durante cinco años Annsel Villarreal vivió aterrorizada con la presencia de un tío. Cuando se acercaba a darle un beso o le agarraba un hombro, la niña reaccionaba con rechazo; la manifestación de incomodidad era evidente. Cuando el tío llegaba a casa de Annsel ella prefería evadirlo, pero éste trataba de acercarse. Aprovechó una ocasión que la dejaron los papás para amenazarla y diciéndole: "No vayas a decir nada a tus papás. Este juego es entre tú y yo; nadie más tiene que enterarse porque me enojaré mucho contigo". Y comenzó a tocarle sus partes, diciendo: "Ya ves, no pasa nada; sólo te estoy dando un masajito para que te relajes". Con el tiempo la obligó a que hiciera lo mismo con él. Sus padres comenzaron a sospechar que algo raro pasaba, pues la niña ya no era alegre, ni juguetona; sólo quería estar en su recámara, hasta que un día escucharon al tío decirle: "Vamos a jugar nuestro jueguito; bájate tu pantalón".[131]

Realidad.

Elementos de la Dirección de Seguridad Pública Municipal dsom) detuvieron a un hombre. Al arribar al domicilio los policías se entrevistaron con la madre de los afectados, la cual manifestó que su esposo llegó al domicilio en la madrugada en completo estado de ebriedad, acostándose en la recámara de su hijo de 7 años, a quien le realizó tocamientos incómodos. De igual manera el sujeto abusó de su sobrina, de 8 años, la cual dormía en la habitación contigua. Fue alrededor de las 18:00 horas que una llamada al Centro de Atención a Emergencias 060 alertó a los agentes municipales de la situación, por lo que de inmediato se trasladaron a la calle Privada de Santo Domingo. El agresor fue identificado como Amílcar Mondragón Aguilar, de 35 años, quien al momento de su detención se encontraba alcoholizado, siendo trasladado a la Fiscalía General del Estado (FG) por el delito de abuso sexual.[132]

Perspectiva.

La victimización empieza con una agresión no provocada, mientras que la autovictimización ocurre cuando el sentido de debilidad no se atiende. Contrariamente a como un adulto se comporta niños que se sienten agredidos expresarán su frustración de forma indirecta, cambiando constantemente sus conductas en forma drástica o gradualmente en otros aspectos de su vida, tal como se describe en este caso. Lo mismo puede pasar si el niño periódicamente se siente agredido en la escuela, en la calle o en la casa, y no sólo sobre su seguridad física. Puede manifestar igualmente esta reacción si se entera de una situación que ponen en riesgo la integridad general de su familia, como problemas entre sus papás, asuntos económicos, etcétera.

No hay que esperar hasta que aparezca algo evidente para atender al niño. Deberá ser suficiente con ver los cambios en su comportamiento para insistir en la búsqueda del origen y en una solución, sea o no creíble lo que dice el infante. Recuerde que los niños ven a los adultos cercanos como sus líderes, y cuando no reciben la protección adecuada de su parte llegan a perder confianza en la vida. Este caso señala que la mamá sabía del mal comportamiento del señor, y aunque se excusa por el miedo a enfrentarlo ella es igual de responsable por facilitar la violación repetitiva de por lo menos dos niños.

Es solamente cuestión de tiempo para que ocurra un daño a gente que convive con una persona que abusa de estimulantes (como el alcohol o las drogas), aunque sea de vez en cuando. En sí, esto debe poner a los demás en alerta, quienes deben alejarse de tal individuo, aunque sea una figura importante, como padre de familia o un hijo. La prioridad debe ser salvaguardar la integridad física y moral de uno mismo. Los demás razonamientos para mantenerse cerca de una persona así son sólo pretextos que van a ampliar la victimización y no se resolverán con el tiempo.

88. Acoso sexual: visualización.

Circunstancias

El niño se siente incómodo al ver una persona desnuda (en persona o vía Internet).

Una niña se impacta al recibir una foto en su celular con la imagen de un cuerpo desnudo.

» ¿Cuál es la forma adecuada de interpretar lo que el niño percibió?
» Anatómicamente ¿qué significa una parte íntima, tanto cuando se ve a otros o ellos te ven a ti?
» En términos de lo que es o no apropiado, ¿cuál es la diferencia entre ver a un hombre, una mujer, un animal u otros niños (1) desnudos; (2) medio desnudos; y (3) en diferentes situaciones (por ejemplo en la playa, en el baño, en la recámara, o en una imagen erótica)?
» ¿Cuándo es o no adecuado superar la incomodidad para satisfacer la curiosidad o un deseo ya sea con una persona conocida o extraña?
» ¿Qué hacer cuando no se supera el sentimiento de incomodidad?

BASE DE CONOCIMIENTO

Realidad.

Karla Ochoa, de 17 años, vive con sus padres: Es muy feliz, pues para ella son los mejores padres del mundo. Todo va muy bien, pero sólo un detalle no le resulta muy agradable: desde que era niña sus papás siempre se han paseado desnudos cuando van a bañarse, y cuando terminan el papá sale con una toalla en la nuca, la mamá con una toalla en la cabeza y lo demás destapado. Para Karlita no es algo agradable ni mucho menos disfrutable. Sus papás siempre le han inculcado que el cuerpo es algo sagrado y del cual no hay por qué avergonzarse. Le contó a una de sus mejores amigas lo que ocurría en su casa y le dijo que tal situación la hacía sentirse incómoda; se avergonzaba al ver a sus padres de esa manera. La amiga le sugirió que hablara con ellos y que les dijera que no estaba de acuerdo en verlos desnudos. Karla le comentó que ya lo había hecho, pero ellos seguían con tal actitud, así que no sabía si molestarse por lo que hacían o sentir pena.[133]

Realidad.

La Procuraduría General de la Nación sancionó con destitución e inhabilitó por 10 años al docente quindiano José Gabriel Zuluaga Muñoz por abuso sexual. Laboraba en una institución educativa en La Tebaida, municipio ubicado al occidente del Departamento, en donde se le comprobó el hecho en contra de un estudiante de 14 años de edad. El Ministerio Público estableció que el docente realizó actos que atentan contra la dignidad y la moral del menor al haber tenido relaciones sexuales con él en varias ocasiones en las instalaciones de la institución educativa. El fallo indica que el docente extralimitó su misión de educando, "faltando al respeto a la dignidad del alumno porque no basta que el individuo tenga simplemente la opción de ingresar a un establecimiento educativo, sino que éste le garantice una educación integral de calidad, sólidamente fundada en valores y principios, orientada por los mismos docentes, que conduzca a la formación de sus alumnos". Contra este fallo procede la apelación por parte de la persona sindicada, anunció la Procuraduría.[134]

Perspectiva.

La descripción de esta situación se expresa aquí en dos formas completamente distintas por el tipo de agresión y la intención dirigida hacia el menor de edad. En el primer reportaje hay que señalar que existen muchas cosas en el comportamiento de los papás que causan vergüenza a un niño, especialmente durante la adolescencia, en lo cual se establece una idea de que es socialmente "normal" y aceptable. Tanto la hija como sus papás pueden argumentar que la casa es un espacio privado donde uno merece sentirse cómodo. Para la niña cómodo significa que todos andan con ropa, y para los papás andar desnudos por la casa significa libertad. No es cuestión de quién tiene la razón y de que si los papás son los que pagan la cuenta, entonces son sus condiciones las que hay que seguir. Primordialmente se debe enfatizar el sentido de comodidad y convivencia. Un acuerdo al respecto contribuirá a que todos se sientan relativamente bien con sus preferencias personales, y a gusto en la consideración de los demás habitantes de la casa. En contraparte, la incomodidad que la niña siente le va a causar desconfianza hacia sus papás, al comprobar que no solamente no le hacen caso, sino que tampoco la entienden y posteriormente se ampliará el sentido de rebeldía y rechazo en otros aspectos de su relación con ellos.

En cuanto al segundo caso, de acuerdo con el comportamiento de la sociedad, incluyendo a los jueces y papás, la violación de un menor de edad varía mucho por el género de los participantes: hombre contra niño; mujer contra niño; hombre contra niña; mujer contra niña; comúnmente la relación vista en forma menos severa es entre una mujer y un niño, especialmente si la mujer es guapa. Sin embargo, todos son actos de violación, con impactos severamente traumáticos al menor de edad, que requiere una prolongada asesoría para su recuperación y supervisión en el futuro establecimiento y sano manejo de sus relaciones de pareja.

89. *Acoso sexual: Caricias*

Circunstancia

El niño se siente con miedo a ciertas caricias.

- » ¿En qué forma se justifica tener miedo a una caricia?
- » ¿Cómo distinguir entre un miedo y una incomodidad?
- » ¿Se puede tener miedo de una caricia aun cuando la intención parece de buena fe?
- » ¿Cómo debe reaccionarse a la caricia cuando se toma en cuenta el sentimiento de miedo?
- » ¿Qué hay que hacer si el miedo aparece después del contacto?

BASE DE CONOCIMIENTO

Realidad.

En casos por separado, dos sospechosos fueron arrestados por agentes municipales tras ser señalados como los presuntos responsables de cometer abusos deshonestos contra dos niñas, una de 6 años y la otra de 10. Agentes municipales se entrevistaron con una persona de 37 años, quien manifestó que al ir a pedir prestado un clavo a un señor, de nombre Francisco, se dio cuenta que su hija, de 6 años de edad, se encontraba desnuda sobre la cama y el ahora detenido estaba haciéndole sexo oral y tocándole sus partes íntimas. El segundo caso se descubrió en la calle Tlapanecas, del mismo sector, donde fue arrestado Martín Vega Cienfuegos, de 40 años, originario de Navojoa, Sonora y de oficio albañil. La denunciante es una persona del sexo femenino, de 32 años de edad, quien manifestó que momentos antes su hija, de 10 años, se encontraba jugando en la vía pública en compañía de un grupo de amigas cuando un sujeto pasó, le tocó los glúteos y se retiró del lugar. Ante la denuncia, agentes municipales buscaron al sospechoso hasta encontrarlo en un callejón ubicado cerca de la escuela Nueva Creación. Ambas personas fueron presentadas ante un Juez Calificador, quien ordenó que fueran puestos a disposición de la Agencia Cuarta del Ministerio Público del Fuero Común Especializada en Delitos Sexuales y Violencia Intrafamiliar.[135]

Perspectiva.

La agresión sexual hacia un niño no empieza en el momento en que le tocan sus partes íntimas, sino en la propuesta, los gestos, el convencimiento o el posicionamiento del niño ante una situación en la que se siente sin salida. Frente a ello el niño debe saber cómo reaccionar, sin esperar a que el agresor llegue más lejos.

90. Humillación

Circunstancias

El niño se siente humillado por un familiar.

» ¿Cómo reaccionar ante una persona que te insulta en forma directa o sarcástica?

» ¿Cómo se maneja una humillación en público en el momento que ocurre el incidente y posteriormente?

» ¿Qué tanto y en qué forma hay que acercarse a una persona que nos hace sentir mal, especialmente cuando el encuentro es inevitable (un familiar, alguien en la escuela, o un vecino)?

» ¿Qué es "saber reírse de uno mismo"? ¿En qué momento es adecuado y se proyecta seguridad y buen sentido de humor, y en qué momento éste se considera como falta de valor? ¿Qué hacer cuando otra persona se ríe de nosotros, con buenas intenciones, pero nos desagrada?

» ¿Cómo detectar cuando lo que dice la otra persona es con mala intención, aunque lo haga con una sonrisa o como si fuera una broma inocente?

El niño sufre agresión física por parte de un familiar.

» ¿Cuál es la diferencia entre una agresión física producida por un juego, por un castigo o por una violencia injustificada?

» En el ámbito cotidiano del niño (dentro y fuera de la familia), ¿quiénes son las personas (grandes y pequeños, hombres y mujeres) con las que el niño debe tener cuidado?

» ¿Cómo se enfrenta y se defiende la agresión de una persona conocida y que ante muchos es de confianza?

» ¿Qué hacer cuando la agresión se repite (por la misma persona o por varias), aunque sea de vez en cuando y en diferentes niveles?

El niño se siente abatido por la familia.

» ¿Qué es el trato sano de una familia? ¿Qué significa ser parte de una familia (de nosotros hacia los demás, y de los demás hacia nosotros)?

» ¿Qué hacer cuando otros integrantes de la familia no llenan nuestras expectativas, no comparten los mismas valores, gustos o la forma de interactuar?
» ¿Qué tipo de trato hay que tolerar, de quién y en qué ocasiones?
» ¿Qué se espera de un integrante de la familia, que no se espera de un amigo, y viceversa?
» Entre ser integrante de una familia o tener buenos amigos, ¿qué es mejor? ¿Cómo tratar a un familiar que no es un buen amigo?

BASE DE CONOCIMIENTO

Realidad.

A Marcos todavía le cuesta entender lo que le tocó vivir. La violencia física y psicológica que ejercía su abuela sobre él, la indiferencia de su madre y la inexistencia de un padre le generaron tal desestabilización que lo empujó a la calle. Pero el de Marcos no es un caso aislado; es uno más de los miles de niños que a diario son maltratados por alguien de su propia familia. "Al principio no entendía qué hacía ahí, pero prefería estar en el hogar a pasar los días en la calle con malas compañías, robando o buscando droga", cuenta Marcos. El joven tiene recuerdos de su infancia, como la época en la que regía el "todo vale". Salía con un grupo de compañeros del colegio a hacer maldades. "Era nuestro juego —dice Marcos—. Otros niños hacen deportes o miran la tele; nosotros robábamos, sin entender las consecuencias."[136]

Perspectiva.

Un niño que no encuentra protección en su hogar por parte de sus papás lo buscará en otros ambientes y con otra gente para poder sobrevivir. Lo anterior también podría ocurrir en familias de alto nivel económico, ya que el tipo de soporte que busca el niño está en la atención y actitud que recibe de sus padres. Ante la carencia o la ausencia continua del trato adecuado, el niño será más perceptivo a una actitud adictiva o compulsiva para subsanar las angustias. Además desarrollará una actitud agresiva para compensar sus debilidades y obtener soluciones rápidas.

Pronto tales agresiones adquieren justificación, tanto hacia otros como hacia él mismo, pues se convierten en la única forma disponible para poder sobre-

233

vivir, enfocando su enojo en lo ocurrido en el pasado y el rechazo de la sociedad en el presente, en lugar de explorar alternativas para un mejor futuro y asumir la responsabilidad de que la solución está en él.

91. Convivencia incómoda

Circunstancia

El adolescente se siente forzado por su hermana a compartir sus cosas personales.

> » Aun cuando estemos convencidos de que tenemos derecho sobre algo, ¿cuál es la forma adecuada de pedirlo o tomarlo? Ejemplos: (1) Cuando una persona presta su ropa y luego la toma sin avisarle a quien se la prestó; (2) cuando un niño toma el dinero de la cartera de sus papás sin pedir permiso, pensando que el dinero es de "toda la familia" o que sus papás tienen la "obligación" de darle dinero por el simple hecho de serlo o por un trabajo que hizo en la casa (ya sea por obligación o que sus padres hayan quedado en darle un pago posteriormente); (3) cuando un niño "toma" la pelota de un amigo porque previamente éste le hizo daño a un juguete suyo.

> » ¿Cómo enfrentar a un familiar o amigo que se lleva algo sin permiso?

> » ¿Cómo tomar el sentimiento de enojo, debilidad y venganza cuando (1) se enfrenta con una actitud prepotente o con falta de respeto; (2) cuando alguien tomó algo de nosotros sin permiso; (3) cuando no lo regresa en el tiempo acordado; (4) cuando se regresa dañado y la otra persona no asume la responsabilidad?

> » ¿Cuáles son los derechos y obligaciones de una persona que convive con más gente en cuanto a compartir artículos personales o comunes?

> » ¿Habrá diferencia entre los derechos, obligaciones y actitudes de los integrantes de la familia (distinguiéndose entre los papás y edades de los hermanos) hacia los artículos y espacios personales y comunes en la casa?

BASE DE CONOCIMIENTO

Realidad.

Abigaíl Sanmartín es cuatro años menor que su hermana Arely. Desde siempre ésta ha sido forzada por sus padres a compartir sus cosas personales con su hermana (ropa, habitación, juguetes, salir con sus amiguitos). Sus padres siempre le decían: "Es tu única hermana y debes cuidarla. Si no eres tú quien la consienta y le comparta sus cosas, ¿quién más?". Arely fue creciendo con muchos celos hacia su hermana. Incluso llegó al límite de pelear con su hermana y decirle: "Te odio. No sé por qué naciste; por tu culpa tengo que darte de mis cosas". Para esta niña esta etapa de compartir fue muy difícil, pero más tarde sus padres comprendieron que esto era la causa del alejamiento entre las hermanas. [137]

Perspectiva.

El hecho de que alguien deba compartir no significa que no existan límites sobre el momento y la forma de querer algo de otra persona, así como el modo de imponerse en su ambiente, espacio y tiempo. También hay que ver qué tanto el sentido de compartir es un derecho (implicando preferencia, decisión, criterio personal) o una obligación de dar; quién sale más beneficiado y quién se siente perjudicado. Hubiera sido preferible poner mayor énfasis en el sentido de respeto y preocupación de bienestar entre las dos hermanas, lo que finalmente sería manifestado por el sentido de compartir por voluntad propia, en lugar de forzar una actitud superficial esperando que se entienda que hay que hacerlo por respeto y preocupación. Cabe señalar que un argumento que no atiende los sentimientos del niño es irrelevante para quien pierde el respeto y la seguridad en su ambiente. Es bueno fomentar la capacidad de compartir, pero no al extremo de quitar el sentido de la individualidad y privacidad, ya que ésto reduce el valor y la definición de identidad de cualquier persona.

92. *Imitación de vicios*

Circunstancias

El niño imita a los papás tomando medicamentos.

> » ¿Qué hábitos y conductas de los papás (y de los adultos en general) hay que imitar y cuáles no?
> » Si esos medicamentos permiten al adulto sentirse mejor (en general), ¿por qué no se pueden tomar en cualquier momento y para cualquier malestar?
> » ¿Cómo se distingue entre un medicamento y un dulce si alguien encuentra uno fuera de su paquete, ya sea que encontremos la pastilla en un lugar seguro, como en la casa, o que nos la ofrezca una persona confiable?
> » Si al parecer los papás esconden algo, ¿por qué hay que respetar su privacidad y no verlo como un reto o una aventura para satisfacer la curiosidad?
> » ¿Por qué hay medicamentos que se toman sin visitar al doctor y sin hacer caso a las advertencias y a los efectos secundarios mencionados en la caja?

La niña imita a su mamá, en forma de juego, al tomar vino y fumar.

> » Si se dice que tales actos son nocivos pero se ve a mucha gente haciéndolos, incluso familiares, amigos y celebridades, ¿por qué no hacer lo mismo?
> » ¿Qué sería un vicio aceptable y uno inapropiado?
> » ¿Cómo asume un vicio una persona?
> » ¿Qué tanto una persona podría confiar en su propia capacidad de dejar el vicio en el futuro?
> » Si el vicio hace sentir bien al momento de hacerlo, ¿por qué hay que dejarlo en lugar de consumir más de lo mismo?

BASE DE CONOCIMIENTO

Realidad.

Por sufrir un fuerte dolor de cabeza, la menor S. Ch. N., de 15 años de edad, ingirió 50 pastillas de analgésicos y desinflamatorios y por poco pierde la vida. El comandante Luis Rojas y otros policías llegaron al predio de la menor y ahí una vecina le prestaba auxilio a la adolescente. Sin perder tiempo, los policías llevaron a la menor a un médico particular, quien le diagnosticó intoxicación medicamentosa y le proporcionó una solución para inducirle el vómito. La vecina relató que el comisario llegó a su casa y le dijo que la menor, su vecina, se encontraba pidiendo auxilio, por lo que le pidió que entraran al predio. "La madre de la menor no se encontraba porque trabaja, así que entré. Al abrir la puerta mi vecina presentaba una crisis, se retorcía y le espumaba la boca. Cerca de ella había dos cajas nuevas de Naproxeno y una de Diclofenaco, cuyo contenido se tomó". La madre de la menor declaró que su hija padece de migraña y lleva un control médico. La mujer indicó que piensa que su hija presentó una crisis de dolor y por ese motivo se automedicó.[138]

Perspectiva.

El hecho de que la niña tenga la costumbre de tomar medicamentos no significa que siga una disciplina para ingerirlos adecuadamente cuando está sola, mucho menos cuando se siente ansiosa o en una crisis. Por lo tanto, la administración del medicamento deberá ser ante la presencia de un adulto mientras se va desarrollando y probando la disciplina del niño, así como su orientación en el manejo de crisis referentes a su enfermedad.

93. Toma de sustancias desconocidas

Circunstancias

Al niño se le hace fácil tomar pastillas que se encuentra sueltas en la cocina.

> » ¿Qué hacer cuando no sabes distinguir entre un medicamento y un dulce? Por ejemplo, no probarlo, presentarlo a un adulto o tirarlo a la basura.
> » ¿Cuál es la importancia de no dejar medicamentos sueltos?
> » ¿Por qué es importante no jugar con medicamentos y sus cajas?
> » ¿Cuáles son los artículos y lugares que no deben ser alcanzados o tocados? ¿Cuáles son los riesgos para una persona mal preparada?
> » ¿Bajo cuáles circunstancias habrá una excepción?

Un adolescente asume el reto de consumir una sustancia rara.

> » ¿De qué manera varía el reto si:
>   a) Es por iniciativa propia
>   b) Lo imponen amigos
>   c) Si no se sabe qué es la sustancia, pero tiene una presentación, sabor u olor intrigante
>   d) Si uno piensa que las peores consecuencias quizá serían desagradables, pero nada fatal
>   e) Se trata de una broma
>   f) Se usa para demostrar carácter
>   g) Se busca una forma de provocar incapacidad?
> » ¿Qué se debe hacer al momento de sentirse mal, y a partir de qué grado o tipo de manifestación?
> » ¿Qué tan seguro es consumirla si se ha visto a otras personas haciéndolo sin que les pase nada o si uno confía en su propia resistencia?
> » ¿Cuál es la diferencia entre un reto peligroso y un reto sano, considerando los deportes extremos o los deportes agresivos?
> » ¿A quién se debe y no se debe confiar si uno asume que esa sustancia hace a la persona sentirse mejor?

BASE DE CONOCIMIENTO

Realidad.

Lalito, de apenas 3 años de edad, se encuentra jugando por toda la planta baja de la casa. La madre lo dejó encargado con su abuela, mientras salía a comprar su despensa. Dejó su bolsa sobre el sillón, donde había echado ropa del niño, y unas pastillas que toma para el estrés. El pequeño corría, brincaba y se subía a los sillones, mientras la abuela se daba sus vueltas para vigilarlo, y al comprobar que estaba bien siguió con sus labores. De pronto la bolsa cayó al suelo y el niño sacó todo lo que tenía. Se mantuvo quieto durante unos segundos observando un frasco entre sus manitas, el cual logró abrir y tomó la mitad de las pastillas que contenía. La abuela volvió a ver al niño, pero lo encontró tirado. Asustada, la señora cargó al niño y fue directamente al hospital. El niño sólo había sufrido un desmayo por una fuerte intoxicación.[139]

Realidad.

Un niño de 2 años se puso bastante alterado luego de tomar varias pastillas de Clonazepán por descuido de su madre. El menor, Rodrigo Passo May, fue llevado a la Clínica T-1 del IMSS. Con relación a su ingreso se entrevistó a su padre, Rodrigo Passo, quien manifestó un día antes a las 10:00 horas, el menor se encontraba en su predio, cuando por descuido ingirió unas pastillas que se encontraban dentro de un frasco. Lesiones: intoxicación por ingestión de ese medicamento.[140]

Perspectiva.

Supervisar a un niño no significa estar cerca, sino realmente cuidarlo. Una pequeña distracción, aunque sea por unos segundos, es suficiente para que un accidente ocurra, o que el niño se vea envuelto en una situación peligrosa. Aunque algo esté escondido y con seguros no hay que minimizar la capacidad del niño para alcanzarlo, ya sea por accidente o por su nivel de curiosidad, y sí desconfiar de su capacidad de saber cómo manejar en forma responsable lo que se encuentra. Si existe algo en la casa que puede involucrar al niño en una situación peligrosa a causa de su manejo inadecuado, tal como medicamentos, armas, insecticidas, un aparato eléctrico o de gas, etcétera, no sólo hay que ponerlo fuera de su vista y de su alcance y con seguros, sino continuamente asegurarnos de que no lo tomará, y estar atentos ante el deseo de usarlo sin entender el peligro. Al poner tantos seguros al objeto también se complica la facilidad del adulto de alcanzarlo, pero hay que anteponer la seguridad del niño sobre las molestias que se crean al adulto.

94. *Falsa acusación*

Circunstancia

Desesperada por no encontrar un artículo personal, una persona reclama a su familiar por la pérdida.

> » ¿Qué es una "falsa acusación"?
> » ¿En qué momento hay que enfrentar a una persona, arriesgando la relación con ella, cuando todo señala que es responsable? ¿En qué ocasiones hay que evitar el enfrentamiento y aceptar la pérdida?
> » ¿Cómo disculparse si luego (1) se encuentra el artículo; (2) se demuestra que la persona no tuvo nada que ver con la pérdida; (3) se descubre que fue por la culpa de otra persona; y (4) se comprueba que fue por el descuido de uno mismo?
> » ¿Cuál es la forma que rinde mejores resultados cuando es necesario reclamar a una persona, aun cuando uno cree tener la razón?
> » ¿Cuáles son las tácticas para tratar de recordar dónde se dejó un artículo grande o pequeño?

BASE DE CONOCIMIENTO

Realidad.

Michelle es una adolescente muy despistada. Siempre que pierde un artículo personal es de las personas que lo primero que hace es reclamarles a su hermano y a sus padres, con quienes continuamente pelea por lo mismo, pero no se da a la tarea de buscar las cosas, hasta que en una ocasión que se encontraba sola en casa puso su celular en el escritorio y al poco rato que regresó por él no estaba. Se preguntó: Si no hay nadie más que y… ¿Qué pasa con mi celular? No se acordaba que después lo metió en uno de los cajones del escritorio, pero nunca buscaba mas allá de donde ella creía que lo había dejado. Abrió uno de los cajones y allí estaba su celular. En voz fuerte pensó: "Yo que creí que mi familia me hacía la maldad".[141]

Perspectiva.

Si siempre se pelea por el mismo asunto y además con las mismas personas, es Michelle quien deberá cuidar más sus cosas. Ya sea por motivo de ser ordenada o por no desconfiar de los demás su vida sería más tranquila. El caso termina dando la impresión de que finalmente Michelle llegó a a la conclusión correcta. Sin embargo, por estar sola no tuvo otra opción que asumir la responsabilidad, pero esta experiencia no cambió su desconfianza hacia los demás o su instinto de deslindar responsabilidades, pues al momento de otra pérdida que contó con la presencia de más gente, pese a que le demostraron que nadie tocó sus cosas ella rechazó la culpabilidad.

95. Atención

Circunstancias

El niño no presta la suficiente atención a las instrucciones de un adulto.

- » Cuando las instrucciones suenan repetitivas, aburridas o pocos importantes, ¿con qué actitud hay que tomarlas?
- » ¿Habrá que prestar atención si uno piensa que ya sabe lo que la otra persona va a decirle o que ya se conoce el asunto? ¿Cómo debe expresarse esta seguridad en el conocimiento del asunto?
- » ¿Qué tanto hay que seguir las instrucciones al pie de la letra, y qué tanto hay que confiar en los instintos, capacidad de improvisar, resolver o tomar decisiones al momento?
- » ¿Cómo debe responderse si se reconoce la importancia de las instrucciones, pero no hay ganas de cumplirlas (en tiempo y forma) o escucharlas?
- » ¿Cómo responder a las instrucciones cuando estamos distraídos por otros pensamientos o emociones, tal como enojo hacia alguna persona, preocupaciones o ganas de hacer otras cosas?

De regreso a la casa el niño se da cuenta de que perdió un artículo, tal como una chamarra, dinero, las llaves de la casa, tarjeta de crédito o de débito, celular o agenda con datos personales.

- » ¿Con quién hay que comunicarnos y qué hacer para intentar recuperar un artículo perdido?
- » ¿Cómo se evita olvidar un artículo importante cuando una persona está distraída o tiene prisa?
- » ¿Qué tanto hay que angustiarse ante la pérdida de un artículo?
- » Cuando se pierde o se olvida algo, ¿en qué momento debe ser considerado un "accidente" y cuándo una negligencia?
- » ¿Qué tanto disminuye el impacto de una negligencia cuándo se puede comprar otro artículo?

Regresando a casa el niño olvida lo que el maestro le dejó de tarea.

- » ¿Cómo prestar atención a la materia impartida y a las instrucciones de los maestros?

- » ¿Cómo expresar dudas sin cohibirse delante de sus compañeros o del maestro?
- » ¿Cómo solucionar las dudas sobre las tareas para cumplir con su cometido?
- » ¿Cuál es la importancia de cumplir con los deberes?
- » ¿Qué hacer cuando el niño y el papá no entienden bien la materia?

BASE DE CONOCIMIENTO

Realidad.

Según Estela, madre de Marcos Estrada, de 10 años —un niño como cualquiera, inquieto, juguetón—, a diferencia de otros niños su hijo no se concentra, no presta atención a lo que le dicen, incluso ha llegado a olvidar cosas en la escuela. Al llegar a casa la mamá revisa sus pertenencias y se da cuenta de que no tiene la caja de colores ni apuntes de tarea. Enfurecida, la madre le grita diciendo: "Siempre es lo mismo contigo. Ya estoy harta de que siempre pierdas las cosas, no prestas la suficiente atención en nada", Marcos, sin embargo, muestra una cara de indiferencia.[142]

Realidad.

Existe cierto desconcierto ante los problemas de rendimiento que muchos niños presentan en el colegio. Es probable que sea niños con déficit de atención, pues pierden el interés por lo que hacen, no terminan tareas o actividades que empiezan, tienen dificultad para escuchar y atender lo que le dicen. Una madre explica al respecto: "Actualmente mi hijo tiene 6 años y ha podido superar en gran parte sus limitaciones, pero cuando se me dio a conocer lo que tenía me sentí desconcertada, culpable y desorientada. No entendía el significado del diagnóstico y mucho menos qué tenía que hacer para ayudarlo a superarse".[143]

Perspectiva.

Si las faltas del niño se repiten periódicamente la mamá debe entender que su técnica de educarlo al respecto no funciona, y decir lo mismo más fuerte no dará mejores resultados. El enojo de la mamá es resultado de su frustración. Sin embargo, los padres de familia deberán ser conscientes de su forma de manifestar sus inquietudes con sus hijos. Si la intención es desquitar las emociones o educar, la segunda opción quizá requiera de entender mejor las raíces del problema y aplicar otros métodos en la formación de responsabilidad, que no son únicamente de sentido disciplinario.

Contar con el diagnóstico correcto es un paso importante, pero no la solución. No hay que evadir el apoyo al niño al pensar que la solución o el entendimiento de la problemática están fuera del alcance o capacidad del padre de familia. En tal caso, con la misma insistencia que hubo para descubrir el origen de la dificultad del niño hay que perseverar en entender su significado, los términos profesionales y la aplicación del apoyo conducente. Si los papás toman parte en este proceso al final el niño reconocerá el esfuerzo. De lo contrario será como dejarlo solo al inicio del camino.

96. Mal entendimiento

Circunstancia

El niño escucha a sus padres dándole instrucciones sin entenderlas.

» ¿Cómo decir "no entiendo" o pedir sin pena que se le explique de nuevo?
» ¿Cómo recordar las instrucciones cuando se nos complica hacerlo?
» ¿Qué hacer si posteriormente surgen dudas o se olvidan las instrucciones iniciales?
» ¿Qué hacer cuando no se puede llevar a cabo todo o parte de las instrucciones, a pesar de que hubo expresión de urgencia o importancia?
» ¿Quién es responsable de confirmar el entendimiento de las instrucciones: la persona que las da o la persona que las recibe? y ¿cómo se confirma el entendimiento?

BASE DE CONOCIMIENTO

Saúl Herrera, de apenas 6 años, es un niño que sufre de Déficit de Atención, lo cual le ocasiona mucha distracción. Cada vez que sus padres hablan con él y le piden que realice algo de cierto modo al momento que va a realizarlo se le olvida o lo hace a su modo. Al principio, cuando sus padres desconocían su padecimiento era regaño tras regaño. Incluso llegó el punto de que los desesperaba y le pegaban. En una ocasión Lidia, la madre de Saúl, regresaba de trabajar. Llegó de malas a la casa y para colmo encontró todo desordenado, además de juguetes y comida en el suelo, lo que provocó que se molestara más, así que comenzó a gritarle y a exigirle que recogiera todo su tiradero, que quería todo limpio. El niño la ignoró y siguió viendo la televisión, pero era tal la molestia de la madre, que de un jalón lo levantó del sillón y comenzó a pegarle, diciéndole que ya estaba harta de que fuera tan inútil.[144]

Perspectiva.

La agresión física o verbal de los padres de familia sólo demuestra al niño que sus papás son incapaces de manejar el asunto (más comentarios en el tema "Atención").

97. Sentirse ignorado

Circunstancias

El niño está en la sala queriendo enseñarle a sus papás un dibujo, pero la mamá, por cuidar al bebé o estar hablando por teléfono, y el papá, por ver la televisión, lo ignoran.

» ¿Qué es un "momento oportuno"?
» ¿Qué hacer cuando no se encuentra el momento ideal para acercarse a una persona con la intención de hacerle una pregunta o mostrarle algo?
» Al momento del acercamiento, ¿cómo hay que interpretar y manejar una respuesta negativa, tal como "ahora no", "estoy ocupado" o "gracias, pero no me interesa"?
» ¿Cómo tomar la actitud negativa o evasiva de una persona querida?
» ¿Cuándo hay que arriesgar la relación o el buen trato al insistir en la oportunidad de ser atendidos, y cuando la conducta necia se hace contraproducente?

Una joven se siente ignorada por sus amigas al querer platicarles algo personal mientras ellas hacen caso omiso y buscan divertirse platicando de otros temas.

» ¿Cómo retomar la palabra en una conversación donde hay personas más dominantes?
» ¿Cómo interpretar la amistad cuando los amigos:
    a) No quieren escucharte
    b) No valoran o se ríen de lo que platicas
    c) Te dan soluciones absurdas
    d) Te sugieren autolastimarte para ganar atención
    e) Se reúnen en secreto sin invitarte
    f) Sólo te aceptan cuando insistes en acompañarlos
    g) Llegan tarde a tus reuniones
    h) Aceptan tus invitaciones de ir a la casa, pero finalmente no llegan por diferentes razones, sin avisar previamente
    i) Se comportan bien contigo cuando haces lo que te piden, pero ellos casi nunca hacen lo que tú les pides
    j) Amenazan con expulsarte si no respetas la jerarquía social del grupo y todas sus condiciones

    k) Te piden hacer algo embarazoso o poco lícito para demostrar tu lealtad al grupo

    l) Dan la impresión de que sólo al hacer algo sexual te van a brindar atención?

» ¿Qué hacer cuando la persona con quien deseamos hablar nos ignora y el asunto es:

    a) Intimo

    b) Profesional o académico

    c) Urgente

    d) Acerca de un dilema moral?

» ¿Qué hacer si no queremos estar solos y todos están ocupados o lejanos?

» ¿Cómo superar el sentimiento de "nadie me entiende" o "nadie me quiere"?

BASE DE CONOCIMIENTO

Realidad.

Liliana Castillo tiene tres hermosos hijos: el mayor tiene 6 años; la que sigue, cuatro, y el pequeño de un año. A veces es muy complicado distribuir su tiempo, sobre todo cuando los niños necesitan de su atención. El niño mayor está muy descuidado, y no porque no lo quiera, pues tiene que atender al más pequeño. Una ocasión el niño le llevó su cuaderno para que revisara su tarea, aunque la madre, desesperada de que el bebé estaba llorando, le gritó: "Lárgate de aquí. ¿Qué no ves que estoy tratando de dormir a tu hermano? Espérate a que llegue tu papá y la revise". Al poco rato llegó el papá de trabajar y el niño corrió a abrazarlo. Le comentó: "Papi, dijo mi mamá que revises mi tarea; ella no puede". Ignorándolo, el papá le respondió: "Qué no ves que acabo de llegar". Liliana fue directamente con su marido, le preparó de cenar y comenzaron a platicar del trabajo. Al niño nunca le hicieron caso; se fue al sillón hasta que se quedó dormido.[145]

Perspectiva.

En este caso hay que analizar dos aspectos: uno es la atención de los papás hacia sus hijos. Como cualquier tarea que realizan cada día, cuando es importante encontramos cómo hacerla a pesar de las demás obligaciones e imprevistos que surgen en el camino. Hay veces que no es posible atender al niño de inmediato, pero se compensa al indicarle concretamente en cuánto tiempo lo haremos y posteriormente darle el seguimiento adecuado en tiempo y forma, otorgando importancia tanto a la persona como al asunto que desea tratar. Por otro lado, está la forma en la que el niño se acerca con sus papás. Hay que enseñarle cómo generar una respuesta positiva cuando se acerca a una persona ocupada, y luego cómo crear el momento y tener una expectativa real sobre la respuesta cuando la persona a la que se acerca atiende otro asunto, está molesta (por cualquier asunto) o que se olvidó de su compromiso con él.

Exterior

98. Acceso limitado

Circunstancia

Estando frente a la puerta te das cuenta que no tiene llaves.

> » ¿Qué hacer cuando no se puede abrir la puerta, considerando que es tarde y la gente está durmiendo?
> » Si hay alternativa para entrar por una ventana con el riesgo de lastimarse (hasta gravemente), ¿qué tanto hay que asumir la aventura en lugar de buscar otras soluciones menos complicadas o tardarse, pero sin riesgo?
> » ¿Qué tanto valdrá la pena forzar la entrada y romper algo (por ejemplo, la chapa o una ventana) en lugar de llamar a un profesional o esperar a que alguien llegue con la llave?
> » ¿Qué hacer cuando es necesario pedir el apoyo de un profesional, pero en ese momento no se cuenta con el dinero para pagarlo?
> » Si la solución tardara unas horas, ¿qué se puede hacer entretanto, especialmente si es de noche y hay hambre o frío?

BASE DE CONOCIMIENTO

Realidad.

Las 10 de la noche es la hora en la que Erik Gutiérrez llega de trabajar. La calle donde su domicilio se ubica no es muy transitada. A partir de las 8 de la noche pasa muy poca gente y la iluminación de la colonia no es tan buena. Tras bajar del transporte comenzó a caminar, volteó y se dio cuenta de que un hombre lo venía siguiendo. Erik apresuró más el paso y se detuvo en una casa que no era la de él; buscó sus llaves, pero se dio cuenta de que no las traía, así que siguió caminando y se detuvo en una tienda. Preocupado y con miedo, buscó con calma, pero no tuvo éxito. Faltaba poco para llegar a su casa. Volteó y el hombre se veía a distancia, por lo que tocó la puerta esperando que alguien le abriera, pero nadie se asomaba, hasta que finalmente un vecino llegó y pudo entrar a casa.[146]

Perspectiva.

En tal caso no es recomendable seguir en la calle. Debió meterse a una tienda, tomar un taxi o volver a subir al transporte público, aunque se alejara del lugar de residencia, estaría alejándose también de la posible amenaza.

99. *Descuido de otro ser humano*

Circunstancia

Un niño pequeño fue olvidado por su hermano mayor al interior de la casa y por descuido se cerró la puerta sin la posibilidad de poder abrirla desde afuera.

» Si el hermano pequeño se encuentra en buen estado, ¿hay que asumir un "plan de urgencia o de crisis"? ¿Qué podría pasar si sólo hay que esperar unos minutos hasta que alguien más regrese a la casa?

» ¿Qué hacer si la opción de entrar requiere romper la ventana o forzar la puerta y nos preocupan las reclamaciones posteriores?

» ¿Cómo poder dar una solución inmediata para proteger al hermano menor cuando encima está la preocupación sobre la reacción de la gente al enterarse del acto de negligencia?

» ¿En qué momento hay que solicitar el apoyo de la seguridad pública (policía, bomberos, protección civil)?

» ¿Cómo manejar el enojo ante una situación que ocurrió por accidente o por la culpa de otra persona, mientras se espera que haya una solución o se resuelva posteriormente con o sin daños?

BASE DE CONOCIMIENTO

Realidad.

Un bebé de meses se queda dentro de un vehículo en Chihuahua, debido a un descuido de su madre. La señora tuvo que llamar a la policía para que la auxiliara a abrir las puertas del vehículo. Detalla: "Estaba preocupada por la temperatura, ya que al interior del auto se eleva rápidamente". Los elementos policiacos actuaron rápido y el hecho no pasó a mayores.[147]

Realidad.

Madre de familia narra: "Casi me muero de desesperación. Regresé de buscar a mi hija de 7 años al colegio y al llegar ella abrió la puerta con las llaves y las dejó sobre la mesa. Todo iba bien hasta ese momento... luego llegó una vecina y salí a verla, mi hija mayor me siguió y mi bebita quedó dentro de la casa en su carrito.

Hacía frío, así que le dije a mi hija que "juntara" un poquito la puerta porque su hermanita estaba durmiendo y le podía dar aire, pero escuche un portazo, ¡la beba estaba sola dentro de la casa! Mi esposo había salido, todo estaba cerrado, las ventanas las puertas, todo… con tanta desesperación me puse nerviosa y a llorar, después me tranquilicé y llamé a mi esposo al celular para que viniera enseguida. Lo que más me tenía nerviosa es que la beba no puede estar ni 10 minutos sola; siempre está en brazos y si no la cargas se pone a llorar. Gracias a Dios que no pasó nada. Cuando llegó mi esposo la abracé como nunca (estaba profundamente dormida) y me puse a llorar.[148]

Perspectiva.

Ha habido muchos reportes de bebés que mueren por el calor y falta de aire en el coche, ya que sus papás los dejaron allí pensando que no tardarían mucho en hacer sus compras o platicar. En este caso se trata de un accidente y la reacción de la señora fue correcta. Aunque una reacción más adecuada sería romper una de las ventanas del coche para poder abrir la puerta, sin pensar en el costo de reparación.

Cuando salimos de la casa, aunque sea por un ratito, como para tirar la basura o atender a alguien en la puerta, se deben tomar las llaves de la puerta y asegurar la chapa. Para facilitar esta tarea se puede dejar una copia de las llaves cerca de la puerta, sobre una mesa, repisa o colgada, precisamente para las ocasiones en las que uno sale rápido cerca de la casa.

Entre los elementos más comunes que generan inseguridad figuran la distracción, la prisa, la falta de comunicación y el sentido de desesperación. Los casos descritos no son actos delictivos, pero sí representan falta de disciplina y organización para prevenir un momento de desconcentración. No se trata únicamente de analizar lo que la negligencia representa en el bienestar del niño, sino también las posibles repercusiones para un adulto que atraviesa un momento de desesperación, quedando en desventaja frente a cualquier persona que busca tomar ventaja de la debilidad de otro y que podría aparecer como alguien que amablemente ofrece apoyo. Además, el tiempo empleado para recuperarse del susto de igual manera deja a una persona cansada y distraída, y por lo tanto se convierte en un blanco atractivo para gente con mala intención.

100. *Provocación de accidentes: Priorizar*

Circunstancia

El ama de casa salió a la calle para esperar a que el niño llegue, dejando comida en la lumbre.

>   » ¿Con qué facilidad puede ocurrir un accidente? ¿La expresión de angustia y ansiedad sobre la comida perjudicará el trato de la mamá con su hijo?
>   » ¿Cómo se priorizan las actividades cuando hay prisa?
>   » Si llegó la hora de recoger al niño y la comida aún no está preparada o solamente falta un ratito más para que esté lista, ¿qué se debe hacer para recoger al niño y preparar la comida para que todo salga bien? ¿Cómo debe prevenirse en ocasiones futuras para que no se llegue a esta tensa situación?
>   » Tomando la actitud de esta mamá, ¿qué problemas podría generar este escenario?
>   » ¿Cómo valorar el intento de ser personas productivas con los riesgos que se asumen al tratar de alcanzar más cosas, relegando las medidas de precaución, tranquilidad y otros aspectos importantes de la vida?

BASE DE CONOCIMIENTO

Realidad.

Norma García, madre de Carlos, es un ama de casa a quien por cuestiones de tiempo se le complica ir a la escuela por su hijo. Es por ello que todas las tardes lo espera en la esquina de su casa. Uno de tantos días comenzó a cocinar. Al revisar la hora vio que ya era muy tarde, así que salió de prisa, dejando una olla en la lumbre. Pasaba el tiempo y el niño no llegaba al lugar; no le quedaba de otra más que ir a la escuela. Olvidó lo que había en la lumbre y esperó hasta que su hijo terminara el trabajo y lo dejaran salir. Después pasaron a comprar unos antojitos; iban con mucha calma. Al llegar a casa todo estaba humeado; lo que había en la olla se había consumido y quemado.[149]

Perspectiva.

Es un milagro que no se haya incendiado la casa. Al momento que pasamos de una actividad a otra no hay que confiar en nuestra noción de tiempo o distancia. Piensa qué podría pasar si te distraes. ¿Surgirá algo que te aleje más o confundir tus prioridades?

101. *Actitud preventiva*

Circunstancia

Un adulto se previene con las llaves a cierta distancia de su casa.

> » ¿Cuáles son los riesgos que hay en la entrada de la casa?
> » ¿Qué soluciones existen para prevenir esos riesgos?
> » ¿Qué hacer cuando te sientes perseguido y observado cerca de la casa?
> » Contesta las mismas tres preguntas sobre el momento de salir de la casa.
> » ¿Qué tanto hay que omitir pensar o actuar sobre esos riesgos para la tranquilidad de uno mismo o para no asustar a otras personas (en la casa, quienes nos acompañan en ese momento, o que van a llegar o salir más tarde)?

BASE DE CONOCIMIENTO

Realidad.

Janet Acosta, de 23 años, es una chica guapa, atractiva y, por supuesto, para muchos de su calle es la mujer ideal. En ocasiones se siente seguida y acosada por un par de malandrillos que viven cerca de su domicilio. Eran las once de la mañana cuando su madre le pidió hacer un mandado, así que preparó su bolso y salió, pero a las ocho de la noche apenas iba de regreso a casa. Es la hora en la que se juntan algunos vándalos. De pronto Janet pasó cerca de ellos y comenzaron a molestarla, chiflándole y diciéndole piropos ofensivos. Uno de ellos se levantó y comenzó a seguirla, lo cual Janet vio de reojo, por lo que caminó más de prisa. El tipo iba tras ella, sin importarle que la chica ya estuviera a unos cuantos pasos para llegar a su casa. Janet comenzó a buscar sus llaves, pero por los nervios no sabía dónde las había puesto; buscó en su pantalón, en su bolsa y por suerte las encontró en su chamarra. Al momento en que el sujeto vio las llaves en la mano de la chica se retiró.[150]

Perspectiva.

Si consideramos que la gente con mala actitud en este caso siempre se encuentra en el mismo lugar a la misma hora del día, no hay que ser inocentes ante el peligro potencial que ello representa. Janet debió tomar las medidas de precaución necesarias, utilizar otras rutas para llegar a su casa, hacerlo a otra hora, o bien ir acompañada. Sólo es cuestión de tiempo antes que tales personas ganen confianza y tomaran la decisión de cometer alguna agresión.

Bibliografía

1   http://www.eltiempo.com/mundo/estados-unidos/ARTICULO-WEB-NEW_NOTA_INTERIOR-8788685.html

2   http://www.elsonido13.com/detalle-noticia.asp?id=691; http://argijokin.blog-cindario.com/2007/07/07420-eeuu-casi-3-mil-ninos-y-adolescentes-mueren-a-causa-de-armas-de-fuego-en-un-ano.html

3   http://www.milenio.com/cdb/doc/noticias2011/50a22c5f90a91c7060c4a6d-ba2e56a4f

4   http://lastresyuncuarto.wordpress.com/2010/03/04/%C2%A1cuidado-con-lo-que-bebes.

5   http://www.eluniversal.com.mx/nacion/187989.html

6   Un reportaje de Esneidy Damaris Castillo.

7   http://www.rtve.es/noticias/20110413/dos-jovenes-revelan-juegos-sexuales-fies-tas-elegantes-berlusconi/424251.shtml

8   Un reportaje de Esneidy Damaris Castillo.

9   http://www.eluniversaledomex.mx/tlalnepantla/nota15342.html

10   http://historico.elpais.com.uy/110410/pciuda-559170/ciudades/matan-a-una-mujer-en-su-casa-tras-engano-online/

11   http://www.lapoliciaca.com/nota-roja/intenta-evitar-que-le-quitaran-el-celular-a-una-joven-y-lo-matan/

12   http://noticias.terra.com.mx/mexico/df/estudiante-de-medicina-muere-apunal-ado-en-asalto-en-tlalpan,d664608fc65e3410VgnVCM10000098cceb0aRCRD.html

13   http://www.reporte.com.mx/asesinan-un-estudiante-en-asalto-de-microbus

14   http://ultimahora.es/mallorca/noticia/sucesos/ultimas/testigos-de-la-pelea-mortal-en-punta-ballena-indican-que-todo-ocurrio-muy-rapido.html

15   Un reportaje de Esneidy Damaris Castillo.

16   Un reportaje de Esneidy Damaris Castillo.

17   http://www.telediario.mx/nacional/detienen-a-dos-policias-de-cancun-por-vio-lar-a-menor-de-edad#.UT4IvzfxfWQ

18   http://www.sipse.com/noticias/95688--ofrece-dulces-abusa-ella-mata.html

19   http://www.maquinacementera.com.mx/wiki/futbol%2ccorrupcion_y_fracaso_en_mexico

20   http://www.oem.com.mx/diariodexalapa/notas/n1309849.htm

21   http://www.cristianodigital.net/artefacto-explosivo-estalla-en-isra-el-hay-un-policia-herido/

22   Un reportaje de Esneidy Damaris Castillo.

23   Un reportaje de Esneidy Damaris Castillo.

24   Un reportaje de Esneidy Damaris Castillo.

25   http://dominiopublico.mx/disturbios-en-las-afueras-de-san-lazaro-y-en-el-cen-tro-historico-del-df/

26   http://www.losandes.com.ar/notas/2012/11/15/violentas-protestas-espana-ita-lia-contra-ajuste-679820.asp

27   http://www.latercera.com/noticia/mundo/2012/09/678-485141-9-violen-tos-disturbios-en-atenas--por-masiva-manifestacion-durante-huelga-general.sht-ml

28   Un reportaje de Esneidy Damaris Castillo.

29   http://planetass.cl/foro/papass/ninos-extraviados-'mi-hijo-se-perdio'/

30   http://www.proceso.com.mx/?p=329846

31   http://www.diariouno.com.ar/policiales/Un-nio-de-un-ao-y-9-meses-fue-mordi-do-por-la-mascota-de-la-familia-un-Boxer-20110608-0073.html

32   http://www.zocalo.com.mx/seccion/articulo/arteaga-perro-callejero-ata-ca-a-un-nino

33   http://www.zocalo.com.mx/seccion/articulo/en-torreon-aumentan-acci-dentes-por-adolescentes-ebrios.

34   http://www.e-consulta.com/veracruz/index.php?option=com_k2&view=item&id=4830:conductores-ebrios-causan-siete-accidentes-diarios-en-xa-lapa&Itemid=303

35   http://planetared.com/2011/07/el-25-de-los-accidentes-estan-asociados-al-uso-de-gadgets

36   http://www.vanguardia.com.mx/manejarychatearunacombinacionfatal-1043032.html

37   http://www.lacapital.com.ar/la-ciudad/Un-adolescente-en-terapia-por-un-cho-que-entre-dos-motos-y-un-auto-20110529-0008.html

38   http://www.youtube.com/watch?v=gnlwHaSxrWM

39   http://m.wapa.tv/detalle/noticias/locales/muere-nino-tras-caer-de-bicicle-ta_20110405080321.html

40   http://www.orizabaenred.com.mx/cgi-bin/web?b=VERNOTICIA&%7B-num%7D=59819

41   http://www.larepublica.com.uy/justicia/357231-nino-murio-al-ser-atropella-do-por-un-auto

42   http://razon.com.mx/spip.php?article75905

43   Un reportaje de Esneidy Damaris Castillo.

44   Un reportaje de Esneidy Damaris Castillo.

45   http://www.publimetro.cl/nota/cronica/familia-muere-en-tragico-acciden-te-carretero-no-usaban-cinturon-de-seguridad/xIQjlD!N1KSO2Zll4Hc/

46   Un reportaje de Esneidy Damaris Castillo.

47   Un reportaje de Esneidy Damaris Castillo.

48   http://www.tucumanalas7.com.ar/nota.php?id=11679

49   Un reportaje de Esneidy Damaris Castillo.

50   http://www.postchronicle.com/news/original/article_212371763.shtml

51   Un reportaje de Esneidy Damaris Castillo.

52   http://www.intoleranciaoaxaca.com/oaxaca/despliegue-noticia.php?Noti-cias-Oaxaca-Intolerancia-Cada-Hora-Taxista-de-Etla-violo-a-su-pasajer-a,-preso&id=1205

53   http://latarde.eldictamen.mx/2011/04/general/se-le-sube-la-temperatura-a-taxista-y-acosa-a-joven/

54   http://sonidomambo.bounceme.net/engine/?p=3818

55   http://www.20minutos.es/noticia/456958/0/taxista/violador/striptease, http://news.sky.com/home/uk-news/article/15241028, http://www.20minutos.es/noticia/456926/0/taxista/abusos/sexuales

56   Un reportaje de Esneidy Damaris Castillo.

57   http://desestresate.es/2011/02/04/un-nino-cae-a-las-vias-del-metro-por-despis-tarse-jugando-a-la-psp/

58   Un reportaje de Esneidy Damaris Castillo.

59   http://www.youtube.com/watch?v=_w6y4Sf4OXg&feature=related

60   Un reportaje de Esneidy Damaris Castillo.

61   Un reportaje de Esneidy Damaris Castillo.

62   http://www.ciudadanosenred.com.mx/envozalta/24885-robo-carteras-y-celu-lares-en-metrobus-problema-cr%C3%ADtico

63   Un reportaje de Esneidy Damaris Castillo.

64   Un reportaje de Esneidy Damaris Castillo.

65   http://www.rpp.com.pe/2011-05-25-denuncian-por-acoso-sexual-a-funciona-rio-frances-georges-tron-noticia_368923.html

66   Un reportaje de Esneidy Damaris Castillo.

67   http://www.elheraldo.hn/Sucesos/Ediciones/2009/10/04/Noticias/Atropella-
     do-muere-nino-de-10-anos-en-Comayagueela

68   http://www.bragadoinforma.com.ar/modules.php?name=News&file=arti-
     cle&sid=3156

69   http://www.lavozdegalicia.es/galicia/2011/04/22/0003_201104G22P6991.htm

70   http://www.927digital.com.ar/despachos.asp?Cod_DES=13416&ID_Sec-
     cion=75

71   http://www.lanacion.com.ar/1286865-solo-quiero-justicia-dijo-el-tio-del-ni-
     no-atropellado-en-palermo

72   http://info7.mx/a/noticia/255098

73   http://www.jornada.unam.mx/ultimas/2014/01/25/tres-muertos-en-tiroteo-
     en-centro-comercial-cerca-de-washington-cnn-7685.html

74   http://noticias.terra.com.mx/mexico/df/tragedia-news-divine-5-anos-sin-justi-
     cia-ni-responsables,ca7365296655f310VgnVCM20000099cceb0aRCRD.html

75   http://www.24-horas.mx/bullying-a-nina-mixteca-en-secundaria-del-df-pg-
     jdf-se-niega-a-abrir-indagatoria/

76   Un reportaje de Esneidy Damaris Castillo.

77   Un reportaje de Esneidy Damaris Castillo.

78   http://www.que.es/ultimas-noticias/internacionales/201311201651-alarma-es-
     tados-unidos-knockout-juego.html

79   Un reportaje de Esneidy Damaris Castillo.

80   Un reportaje de Esneidy Damaris Castillo.

81   http://www.aztecanoticias.com.mx/capitulos/seguridad/50054/-y-si-los-profe-
     sores-maltratan-a-su-hijo-

82   Un reportaje de Esneidy Damaris Castillo.

83   http://www.elsiglodetorreon.com.mx/noticia/314584.mexico-ocupa-lu-
     gar-48-en-desarrollo-en-educac.html

84   http://www.youtube.com/watch?v=ugEdjJWLhUw&desktop_uri=%2F-
     watch%3Fv%3DugEdjJWLhUw&app=desktop

85   http://www.elmanana.com.mx/notas.asp?id=13989

86   http://www.foxnews.mobi/quickPage.html?page=27677&con-
     tent=61556282&pageNum=-1

87   http://www.upi.com/Odd_News/Blog/2013/12/30/Shooting-victims-body-ig-
     nored-by-convenience-store-customers-in-disturbing-video/1121388435730/

88   Un reportaje de Esneidy Damaris Castillo.

89   http://www.razon.com.mx/spip.php?article2705

90   Un reportaje de Esneidy Damaris Castillo.

91   Un reportaje de Esneidy Damaris Castillo.

92   http://eldictamen.mx/ntx/noticias/1/4/puerto/2011/03/25/31615/nino-se-quema-con-caldo-hirviendo.aspx

93   http://www.eluniversal.com.co/cartagena/sucesos/resbalo-piso-un-cable-y-se-electrocuto-frente-su-casa

94   Un reportaje de Esneidy Damaris Castillo.

95   http://www.razon.com.mx/spip.php?article18347

96   http://www.abc.es/hemeroteca/historico-28-04-2004/abc/Nacional/unni%C3%B1o-muere-al-meter-un-alambre-en-un-enchufe-en-su-casa-de-hellin_962120053678.html

97   http://www.razon.com.mx/spip.php?article78096

98   http://www.razon.com.mx/spip.php?article7581

99   http://www.elreloj.com/article.php?id=29130

100   Un reportaje de Esneidy Damaris Castillo.

101   http://www.razon.com.mx/spip.php?article28983

102   Un reportaje de Esneidy Damaris Castillo.

103   http://eleconomista.com.mx/industrias/2013/01/31/evacuan-torre-pemex-tras-explosion

104   http://www.proceso.com.mx/?p=332347

105   http://tecnologia21.com/joven-muere-maraton-videojuegos

106   http://drkantu-opinion.blogspot.com/2009/04/los-mensajes-sms-hot-por-celular-para.html

107   http://www.publimetro.com.mx/noticias/sexting-cuidado-con-lo-que-subes-a-la-red/mlcf!0076kOOvcayQ/

108   http://www.wsbtv.com/news/news/local/court-ruling-allows-woman-sue-girls-gone-wild-over/nW675/

109   http://bossip.com/890198/fiddy-leaks-rick-ross-baby-mama-suing-50-cent-for-putting-her-freaky-flick-on-blast-across-the-internet-43081/

110   http://radioquintanaroo.com/asesina-a-jovencita-que-fue-citada-mediante-facebook/

111   http://www.elsiglodetorreon.com.mx/noticia/913919.sujeto-se-hacia-pasar-por-bieber-para-abusar-de-menores.html

112   http://www.lapoliciaca.com/nota-roja/abuso-de-tres-menores-de-edad-tras-contactarlas-en-facebook/

113   http://www.baquia.com/posts/una-escuela-pagara-610000-dolares-por-espiar-a-alumnos-con-webcam

114   http://www.bbc.co.uk/news/technology-23971118

115   http://www.informativovallarta.mx/2011/03/01/aprehenden-a-otro-de-ban-da-dedicada-al-robo-a-casa-habitacion

116   Un reportaje de Esneidy Damaris Castillo.

117   http://www.frontera.info/EdicionEnLinea/Notas/Policiaca/05022011/495287.aspx

118   http://www.americatv.com.pe/portal/noticias/policiales/ladrones-enga-aron-ni-era-para-robar-equipos-tecnol-gicos

119   http://www.26noticias.com.ar/violaron-a-mujer-en-su-casa-y-detu-vieron-a-un-adolescente-126566.html

120   Un reportaje de Esneidy Damaris Castillo.

121   http://www.eluniversaledomex.mx/tlalnepantla/nota16923.html

122   http://www.razon.com.mx/spip.php?article51407

123   Un reportaje de Esneidy Damaris Castillo.

124   http://www.razon.com.mx/spip.php?article12126

125   Un reportaje de Esneidy Damaris Castillo.

126   Un reportaje de Esneidy Damaris Castillo.

127   Un reportaje de Esneidy Damaris Castillo.

128   http://www.eluniversaledomex.mx/nezahualcoyo/nota16822.html

129   Un reportaje de Esneidy Damaris Castillo.

130   Un reportaje de Esneidy Damaris Castillo.

131   Un reportaje de Esneidy Damaris Castillo.

132   http://www.lapoliciaca.com/nota-roja/detienen-municipales-a-presunto-viola-dor-de-menores/

133   Un reportaje de Esneidy Damaris Castillo.

134   http://www.rcnradio.com/noticias/06-04-11/destituido-profe-sor-del-quind-o-por-abuso-un-estudiante

135   http://www.lapoliciaca.com/nota-roja/arrestan-a-sujetos-por-abusos-deshones-tos/

136   http://www.lanacion.com.ar/1023258-maltrato-infantil

137   Un reportaje de Esneidy Damaris Castillo.

138   http://www.yucatan.com.mx/20110406/nota-10/98379-por-un-dolor-de-cabe-za-se-toma-50-pastillas.htm

139   Un reportaje de Esneidy Damaris Castillo.

140   http://www.formalprision.com/2011/03/nino-de-2-anos-al-hospital-por-tomar.html

141   Un reportaje de Esneidy Damaris Castillo.

142   Un reportaje de Esneidy Damaris Castillo.

143 http://www.psicopedagogia.com/hiperactividad-con-deficit-de-atencion

144 Un reportaje de Esneidy Damaris Castillo.

145 Un reportaje de Esneidy Damaris Castillo.

146 Un reportaje de Esneidy Damaris Castillo.

147 http://www.aztecanoticias.com.mx/notas/estados-y-df/57974/bebe-se-que-da-atrapado-en-un-auto-en-chihuahua

148 http://foro.enfemenino.com/forum/matern2/__f65911_matern2-Mi-bebita-de-casi-dos-meses-se-quedo-encerrada-en-casa.html

149 Un reportaje de Esneidy Damaris Castillo.

150 Un reportaje de Esneidy Damaris Castillo.

Índice

www.ingramcontent.com/pod-product-compliance
Lightning Source LLC
Chambersburg PA
CBHW081205280526
45787CB00006B/2337